有錢人的黃金8小時

The 8 Hours of richman

典馥眉◎著

活用「有限」的時間，
迅速完成「有效果」的工作！

Foreword

我們最重要的資產

人皆生而平等。

這是一句謊言。

但在某個「真實世界」裡，確實人人皆生而平等。

生活在某個「真實世界」裡的人，每天睜開雙眼，每個人就可以得到八萬六千四百，人人都一樣，就連剛剛出生的嬰兒也不例外，但是有一條規定：這筆八萬六千四百不能儲存，只能當天用完。

於是，有的人將這八萬六千四百拿去吃喝玩樂盡情揮霍掉，有的人則把這八萬六千四百拿去兌換成可以儲存的東西，有些人則是不揮霍也不儲存，而是把這筆天天都會發放的八萬六千四百拿去學習，換得不同的新體驗與新技能。

時間一天一天過去，揮霍的人每天依舊享有八萬六千四百，喜歡儲存的人每天也同樣依舊享有八萬六千四百，擁有許多新體驗與新技能的人也跟大家一樣，每天享有新的八萬六千四百。

但，還是有些東西不一樣了。有一天，盡情揮霍的人不見了。熱愛盡情揮霍的人，因為平常生活過於貪圖享樂與吃喝玩樂，身體越來越糟，每天睜開雙眼時，身邊除了每天發放的八萬六千四百之外，什麼都沒有，於是盡情揮霍的人，每天只剩下這八萬六千四百可以供他揮霍。

最後，盡情揮霍的人成了乞丐，每天在街上遊蕩揮霍他的八萬六千四百，只不過他再也無法隨心所欲吃自己想吃的食物，玩自己想玩的東西，盡情揮霍的人成為一個沒有笑容的人。最後的最後，盡情揮霍的人在一個寒冷的冬夜，在飢寒交迫的顫抖中走了。

當喜歡儲存的人和擁有許多新體驗與新技能的人，每天清晨睜開雙眼時，都還在領取「人人生而平等」的八萬六千四百時，盡情揮霍的人再也無法領到這筆八萬六千四百。過了兩年，有天，喜歡儲存的人不見了。

喜歡儲存的人和盡情揮霍的人不同，從不揮霍這珍貴的八萬六千四百，每天致力於將八萬六千四百換成任何可以儲存的東西，有時候甚至用卑劣與黑心的手段，來達到自己的目的，卻忘了要憑良心做事、要好好單純享受一餐飯的快樂、不要做讓自己與後代子孫蒙羞的事。

Foreword

　　喜歡儲存的人擁有許多外號，像是工作狂……等等，因為太過投入於工作、每餐享用大魚大肉、縱慾無度，不知不覺之中，喜歡儲存的人身體出了問題，每天活在痛苦與恐懼之中。

　　最後的最後，喜歡儲存的人在子孫們爭吵遺產的怒吼聲中走了。

　　喜歡儲存的人常常感嘆「人在天堂，財在銀行」，尤其每當他想起銀行裡那些大量的存款數字、黃金、股票、公司資產、房地產，就會忍不住嘆氣，他終究實現自己的希望，把八萬六千四百換成資產上的龐大數字。但這些「數大便是美」的數字，已經與他毫無關係了。

　　很久很久以後，擁有許多新體驗與新技能的人還在領取每天的八萬六千四百，他並不特別迷戀於一時的享樂而忽略生活基本所需，也不過度追求巨大的財富數字，因為他知道……

　　真正的財富不是短暫的享樂，也不是某個數字，而是老天爺每天發放的那八萬六千四百。

　　擁有許多新體驗與新技能的人善用這筆資源，在享樂與追求滿足基本生活所需之間，取得巧妙的平衡點，而非讓不適當的慾望吃掉這珍貴的八萬六千四百。

　　有天，擁有許多新體驗與新技能的人也消失了。那一天，當他閉上雙眼的時候，室內是暖人的溫度，隱約中還能聞到淡淡的花香味。

　　他腦子裡最後跑過的一個念頭是——能好好善用時間、自由自在學習任何感興趣的事情、過自己真正想過的生活，這輩子能以這樣的方式度過，真的是一件很幸福的事。

　　人皆生而平等。不是一句謊言。

　　最後，這本書能和大家見面，感謝媽咪默默的支持、金城妹子、琦、毅、葳、育慈、徐老師、張老師、張先生，以及出版社所有同仁們。謝謝你們！

Contents
目錄

Chapter 3

工作績效往上衝七大祕招 89

Chapter 4

被偷走的時間 115

Contents

目錄

Chapter 5 一天沒有24小時可以用 147

Appendix 附錄 185

Chapter 1

「理財」為財富之本，
「理時」為成功之本

一天要做的事有很多！

對我們來說，時間到底要運用到什麼程度，才算沒有被白白浪費掉呢？

「明明一整天都很忙，為什麼工作效果不彰？」

「感覺每天都有好多事情要做，可是要確切說出有哪些具體事情要完成，好像又說不出個大概。」

「專心埋進工作堆裡，忙得連喝水、上廁所的時間都沒有，下班時間一到，才赫然驚覺自己竟還有好多工作沒完成。」

「光是工作就快把人壓垮，哪還有閒情逸致從事運動、學習進修？」

　　以上這些話，是我們很常聽到不少人對時間的感覺，只要話題扯上時間，很多人臉上便不自覺出現一抹恍然感，彷彿正在透露著時間就像這樣，總在不知不覺中消失無蹤。

　　很多時候，我們甚至對昨天、上個禮拜、上個月自己正在做哪些事情，感到茫然又失落。

　　對我們來說，時間到底要運用到什麼程度，才算沒有被白白浪費掉呢？

　　每天早上從被鬧鐘吵醒的那刻起，我們就像顆高速旋轉中的陀螺一樣，老是不停轉著。先是從被窩裡跳進拖鞋裡，進入浴室後快速梳洗、打扮，最後以旋風的姿態颳出家門。

　　早餐？在上班途中匆匆買了一份，雙腳踩著高跟鞋或皮鞋「叩，叩，叩」衝向公車站牌或捷運站。

　　刷卡上車或進出站都要刷卡，進公司後還要刷卡，接著是一整天忙碌的工作，有時候連午餐也不能好好吃，更別提奢侈的午睡時間。

　　下班後回家，晚上八、九、十點都有可能，有時候買了一份消夜加晚餐回家配電視吃，有時候則是快速弄了一碗簡

單的青菜加蛋麵條，一邊看小說，一邊享用一天當中最放鬆的一餐。

　　沉浸在小說的世界裡，突然視線下意識掃向時鐘。「什麼，居然已經這麼晚了？明天還要上班吶！」在心底對自己咕噥了兩句話後，匆匆進入浴室梳洗、上床睡覺，結束忙碌卻「不知道究竟都忙了些什麼」的一天。

 時間微整形

事情永遠沒有做完的一天，

重點是我們「想要先完成哪一些」？

效率 ≠ 效能

「時間」跟「運用」之間的形態可以分為兩種：
一種是「效率」；另一種是「效能」。

上一篇提到，時間要運用到什麼程度，才算沒有被白白
浪費掉呢？

對時間的運用來說，其實可以非常粗略的分為兩種，第
一種是「效能」，第二種是「效率」。

效能：能達到「預定目標」並「得到想要的結果」。
效率：花最少的時間精力，達到目標的過程。

以游泳一公里為例，可以到達終點就是「有效能」，至
於能用多快的速度抵達，就是「效率有多好」。

我們通常會要求自己要有效率地做事，卻常常忘了思考——什麼是做這件事的效能？為什麼會造成以上那幾種結果，主要原因是我們往往太過在乎效率，而不自覺忽略了效能。

舉個簡單的例子，有兩位企劃部員工，姓名分別為「效率」與「效能」。「效率」做事相當有效率，一天能完成三份企劃案，平均一星期能完成十多份企劃案，企劃案被採用的平均機率是：十份會採用一份。

「效能」一天只能完成一份企劃案，平均一星期能完成六份多企劃案，被採用的企劃案平均兩份採用一份。

由上例換算下來，「效率」每星期約被採用一份企劃案，「效能」每星期約被採用三份企劃案。這就是效率≠效能。

「時間」跟「運用」之間的形態可以分為兩種：一種是我們在固定的時間裡，拼命塞進可以處理的事情，事情越多越好，這是「效率」。

另一種是在固定的時間裡，專心把一件事做到「最好」還不夠，甚至還要做到「更好」才行，這是「效能」。

　　這兩種使用時間的形態，沒有誰優誰劣，只要在對的時間、做對的事，就是妥善運用每一分鐘。

　　例如：我們可以把工作中最需要高度專注力的工作，以注重「效能」的方式來運用時間；又例如：我們能把生活中一堆「有做就可以得分」的瑣事，像是倒垃圾、洗碗、購買日用品，以注重「效率」的方式來運用時間，將會獲得最棒的事半功倍效果喔。

時間微整形

　　時間的運用不只要注重「效率」，還要更注意「效能」，才能用最短的時間擁有最棒的工作結果，在忙碌的工作中擠出屬於自己的時間。

瑣碎時間大利用

善用每一分零碎時間，必須將零碎時間分成兩大類。

第一類：每天都會有的「固定零碎時間」。

第二類：臨時出現的「臨時零碎時間」。

十分鐘能做些什麼？

好像拿出手機滑個兩下，還沒跟朋友聊到幾句話，十分鐘就這樣嘩啦啦不見了，短得有如曇花一現。

在很多時候，對很多人來說，十分鐘是隨便虛晃一下，便會過去的時間單位，短得讓人無法好好重視它。

但，其實十分鐘非常有用！在短短的十分鐘裡，甚至可以完成令我們詫異的工作項目。

十分鐘究竟有多好用？請深吸口氣，閉上雙眼，回想我們唸書時代就會知道。

每次下課十分鐘時間，如果我們有心要好好運用，不僅可以和要好的同學相約好一起去合作社買個小東西來吃，還能上個廁所，然後回來邊聊個兩句，一邊享用剛買回來的小點心。

大學時代的十分鐘也很好運用，不僅可以從A大樓晃到B大樓，還可以在中途的小麵包店買個早餐，一邊等早餐，還可以打電話跟男女朋友約好晚餐要去吃什麼大餐，然後悠閒晃進教室，找個靠窗、想要發呆能有自然風景的座位，最後還能去上個廁所外加裝個水再衝回來。

十分鐘之內能做的事，其實超乎我們想像的多。**人時常高估一小時可以做的事，卻大大低估十分鐘可以辦到的事！**

我們常常有不是那麼重要，但不做又不行的事情需要處理；很巧的是，我們也常常有夾在重要事項與重要事項之間的零碎時間，這些零碎的時間可能是臨時多出來的，也可能是無可避免的時間空檔。

「零碎的待辦事項」再加上「零碎的空檔時間」，前者會耗損我們不少時間，後者則是白白浪費我們不少時間，**如果我們可以用「零碎的空檔時間」，來完成「零碎的待辦事項」，那豈不是一切完美了？**

　　可惜的是，想像中的總是比較美好。零碎的空檔時間有時候來得很突然，突然到我們明知道有一堆待辦事項要做，卻在這能處理的有限時間裡，一件事也想不起來，最後零碎空檔時間悄悄從我們手中溜走，待辦事項依然在清單上一件也沒完成。

　　要善用每一分零碎時間，首先必須將零碎時間分成兩大類。
　　第一類：每天都會有的「固定零碎時間」。
　　例如：上下班通勤時間、等電梯時間、移動時間……等等，每一種固定零碎時間可以製作成一張列表，再和我們想要做的事情進行配對。這部份我們下一篇將會詳談。

上下班通勤時間（坐在交通工具上）
從交通工具移動到目地的步行時間
等電梯時間
吃完飯剩下的午休時間
晚上回家吃飯配電視時間
睡前半小時
提早半小時起床

第二類：臨時出現的「臨時零碎時間」。

例如：有些會議或碰面的遲到，或是等待交通……等等時間。

朋友相約突然遲到十五分鐘

開會時老闆慢十分鐘進會議室

等待交通工具的時間

會議和會議中間的空檔

現在我們將所有的瑣碎時間分成兩類，「固定零碎時間」與「臨時零碎時間」，花個三分鐘時間，來把以下空白表格填滿吧，尤其是「固定零碎時間」，填得越詳細，將會對我們之後的運用相當有幫助喔！

如果已經填好下頁所附表格的左半邊「零碎時間」，請趕緊接著往下看吧，

等我們花個兩、三分鐘填完這整張表格，就能輕鬆掌握原本被浪費掉的時間，不但生活起來更有效率與效能，最棒的是——可以留出更多自由時間，讓我們從事自己喜歡做的事。

「瑣碎時間列表」與「待辦清單」媒合表【歡迎自由使用】

第一類：固定零碎時間	待辦清單（左右互相對照）
上下班通勤時間（坐在交通工具上）	
從交通工具移動到目地的步行時間	
等電梯時間	
吃完飯剩下的午休時間	
晚上回家吃飯配電視	

第二類：臨時零碎時間	待辦清單（完成請打勾）
朋友相約突然遲到十五分鐘	☐
開會時老闆慢十分鐘進會議室	☐
等待交通工具的時間	☐
會議和會議中間的空檔	☐
	☐
	☐
	☐
	☐

第一類：固定零碎時間	固定待辦事項（左右時間互相對照）
第二類：臨時零碎時間	機動待辦事項（完成請打勾）
	☐
	☐
	☐
	☐
	☐
	☐
	☐
	☐

列一張「瑣碎時間」待辦清單

待辦清單永遠沒有終結的一天，就像信箱裡源源不絕寄來的
帳單一樣！

列完「瑣碎時間清單」後，我們接著來列「待辦清單」
吧！

生活在速度飛快的現代生活裡，我們多多少少都曾有過
快要被瑣事煩到抓狂的經驗，像是：每天上班下班，忙得連
一本愛看的雜誌或小說都沒辦法好好看完、一直想要好好提
升英文程度，卻總是被忙碌工作一天後的疲累打敗。

我們都知道愛家人很重要，每天打給客戶或廠商幾十通
電話，卻始終抽不出五分鐘打給媽媽，聽聽她充滿關心的嘮
叨。

待辦清單永遠沒有終結的一天，就像信箱裡源源不絕寄來的帳單一樣！今天拿去繳掉了，過幾天信箱裡又會出現幾封等著繳清的帳單，於是我們繳掉了A信用卡的帳單，緊接著又要去繳B信用卡的帳單，如果不好好正視問題，一旦漏繳，可會又多增加一筆利息費用，不可不慎。

我們常常習慣將一堆瑣事羅列在同一張紙上，情況如下：

打電話給父母

閱讀一本感興趣的雜誌

上網掌握一天新聞

在推特發文

經營粉絲團

統一回覆朋友信件

買給媽媽的母親節禮物

繳手機與A信用卡帳單

要買上次某某某推薦的書

與仲介約好看房時間

和朋友們確認這週碰面的時間跟地點

一天唸一頁旅遊英文

原本事情就已經夠多、夠雜，林林總總通通列在一張紙後，往往沒有清爽的感覺，反而覺得心理負擔好像變得更加沉重了。

尤其當我們看著隨隨便便就超過十項以上的待辦清單，更會有種可能這幾天都不能好好休息，要抓緊時間把這些惱人小事給通通辦好的深沉無力感。

其實我們只要將這些事情，分成「固定待辦事項」以及「機動待辦事項」兩大類，就可以讓看似混亂無章的待辦事項，清爽又從容的被一一處理掉。

在「瑣碎時間列表」與「待辦清單」媒合表中，不僅將時間分為固定性與臨時性兩大類，也將事件分成「固定待辦事項」以及「機動待辦事項」。

「固定待辦事項」就是幾乎每天都要做的事，例如：每天念英文的進度、打電話給父母、閱讀感興趣的雜誌……等等。

「機動待辦事項」就是幾乎每天都不一樣的事，例如：繳納不同的帳單、確認約會時間地點、購買想看的書……等等。。

將所有事項分成兩類後，請把「固定待辦事項」填入「固定零碎時間」的右邊，並依照哪個時間空檔做什麼事，採取「一個蘿蔔一個坑」的方式，挑選自己最想在什麼時段，做什麼事。

　　例如：在上下班、坐在交通工具上通勤時間裡，因為時間普遍比較長一點，可以拿來念完每天一頁的英文進度。又或者在步行的時間裡，因為不方便閱讀，便可以拿出手機打電話給家人聯絡感情。

　　只要寫完「固定待辦事項」與「固定零碎時間」，可以驚奇發現到原本全混在一起的待辦事項，有一半已經悄悄歸了位，等漸漸習慣在某些時候做哪些事後，這些事情因為「一個蘿蔔一個坑」的緣故，我們並不需要再額外花費精神留意什麼時候做最好，或者是到底做了沒？

　　只要規劃得宜，我們只需要專注在「很好，今天也順利完成這件事」，或者是「公車今天好像開得比較快，剩下一小段英文還沒讀完，要利用下班通勤時間快速補回來」這些事情上。

　　接下來，我們只需要在完成一個小步驟，就可以大功告成了。將「機動待辦事項」一一羅列在「臨時零碎時間」右邊即可，並不需要像「固定待辦事項」那樣必須跟「固定零碎時間」彼此對照。

　　最後，我們只需要當事情被完成時，在□裡打個勾，然後就可以把這件瑣事輕鬆拋諸腦後。例如：□購買機票。完成後，□裡就會多了一個可愛的小勾。看著雜七雜八的瑣事

「瑣碎時間列表」與「待辦清單」媒合表【範例】

第一類：固定零碎時間	待辦清單（左右互相對照）
上下班通勤時間（坐在交通工具上）	念英文
從交通工具移動到目地的步行時間	打電話給家人，表示關心
等電梯時間	聽英文會話
吃完飯剩下的午休時間	統一回覆私人重要信件
晚上回家吃飯配電視	把電視節目換成有教育性質的目。例如：建築之美、看懂美館
每天提早半小時起床	閱讀一本感興趣的雜誌

第二類：臨時零碎時間	待辦清單（完成請打勾）
朋友相約突然遲到十五分鐘	□買給媽媽的母親節禮物
開會時老闆慢十分鐘進會議室	□經營粉絲團
等待交通工具的時間	□上網掌握一天新聞
會議和會議中間的空檔	□在推特發文
	□上網購買後天婚宴要穿的衣
	□購買機票
	□查詢出國旅行景點
	□

第一類：固定零碎時間	固定待辦事項（左右時間互相對照）

第二類：臨時零碎時間	機動待辦事項（完成請打勾）

被一一完成，列表中的□通通都變成勾勾，除了能夠獲得小小的滿足跟成就感之外，身心靈甚至會覺得越來越清爽喔。

現在，請先列出所有「瑣碎時間列表」，再列出需要辦理的「待辦清單」，最後再將兩邊的零碎時間與待辦清單做媒合，不過，請記得，固定零碎時間與臨時出現的零碎時間，必須採用不同的媒合方法喔。

現在，請多花兩、三分鐘的時間，將「瑣碎時間列表」與「待辦清單」媒合表填完，從明天開始試著執行看看，會發現原本很容易漏掉的待辦小事，都會被我們輕鬆掌握住喔。

時間微整形

不要把太多雜事堆積在腦袋裡，要將腦袋空出來做重要的思考工作，至於生活中這些瑣碎的小事，就讓表格與待辦清單幫我們輕鬆搞定吧！

時間都用到哪去？

一天有24小時，總共1440分鐘，總計8萬6千4百秒。在秒針「答、答、答、答、答」8萬6千4百多下的一天裡，我們除了吃飯睡覺以外，究竟都做了哪些事？

時間，是我們這輩子最重要的資產，它對我們的重要性絕對不亞於金錢，因為——時間就是金錢！

一個能掌控好自己荷包的人，在金錢方面的負擔，絕對大大少於無法控制用度的人。相同的，一個能掌控好自己時間的人，在人生方面的負擔，絕對大大少於會不知不覺浪費掉時間的人。

現在，請先閉上雙眼，回憶我們昨天做了些什麼、上禮拜做了些什麼、上個月做了些什麼？

一天有24小時，總共1440分鐘，總計8萬6千4百秒。在秒針「答、答、答、答、答」8萬6千4百多下的一天裡，我們除了吃飯睡覺以外，究竟都做了哪些事？和哪些人碰面？是否說了有意義或體貼的話？

　　以上班族來說，星期一到星期五的平常時間是公司的，扣除掉通勤時間、工作、吃飯、睡覺、梳洗……這些時間後，真正屬於自己的時間實在少的很可憐，更別提能做出極有效的運用。

　　不過，如果我們把視線放到屬於我們的星期六與星期天時，這些時間是否真的有被好好運用了嗎？

　　以下是Emily星期六、日的生活時間表。

　　Emily花了三分鐘時間，填完「時間」跟「工作內容」兩大項後，被手中活生生血淋淋的表格嚇了好大一跳，她一直抱著「假日就是要徹底放鬆」的心態，度過每一個可以睡到自然醒的假日，卻沒想到自己在寶貴的假日裡，除了睡、吃、梳洗之外，居然只剩下看電視這一項？！

　　在平常的上班日，Emily心中渴望的假日不應該是這樣的。對她來說，假日雖然可以懶散一點、放鬆一點，但應該還可以在更加健康一點、有意義一點、知性一點、有學習成長一點才對。

Emily花了三分鐘填完「星期六、日的生活時間表（表二）」之後，決定要力圖振作，自己在辛苦工作五天後，寶貝的星期六、日不該糊里糊塗瞎過完，於是，Emily又花了三分鐘時間，填完「是否有可利用的零碎時間」與「應該如何利用」兩個欄目。

意識，是改變的第一步。原本Emily並沒有特別意識到自己如何運用休假時間，直到把假日所做的事一一列出後，才赫然驚覺美好的休假時光，幾乎都被「假日就是要徹底放鬆」的心態給消磨殆盡。

思考，往往能帶來好的新改變！
Emily把自己感興趣的事情先列出來，清單如下：

看一週新聞
閱讀想看的書籍
聽一些自己喜歡的音樂
要運動健身
為半年後的歐洲旅行做點功課

緊接著，Emily馬上把這些「希望自己開始去做」的事情，放入適當的時間裡頭，最後，Emily把這張表格貼在客廳桌上。

星期六日的生活時間表 （表二）【範例】

時間	工作內容	是否有可利用的零碎時間	應該如何利用	效果平分（完成度）	改進與檢討
12：00	起床＋賴床＋梳洗	否			把屬於自己的間睡掉了一半，感覺有點惜。
13：00	隨便吃點午餐＋放空	有	看一週新聞，關心重要時事	90%	一次閱讀完平沒時間吸收的聞，感覺相當效率。
14：00	打開電視，漫無目地轉台、再轉台	有	閱讀想看的書籍	70%	要先把想看的準備好，才能加事半功倍。
17：00	準備吃晚餐PS：電視依然開著	有	關掉電視，聽一些自己喜歡的音樂	95%	一邊聽音樂，邊煮飯的感覺棒，絕對強過著電視卻不知它在演些什麼喔！
19：00	吃完晚餐，休息一下	有	趁機好好運動一下！	60%	真的好懶得動，但為了康，這部分一要再加強！
20：00	徹底清潔與保養	否			
22：00	開始看電影或電視	有	為半年後的歐洲旅行做點功課，開始看相關旅遊書或上網爬文	90%	看著美麗的景跟好吃的食物馬上通通寫進記本裡，一個不漏掉。
2：00	上床睡覺	否			

星期六日的生活時間表【實際操作】

時間	工作內容	是否有可利用的零碎時間	應該如何利用	效果平分（完成度）	改進與檢討

每當自己假日又黏在沙發上看電視、長蘑菇，就會拿起這張表格，看看現在除了黏在電視機前面之外，難道真的沒有更值得去做的事情了嗎？

有規劃，就有新希望。經過兩個禮拜的落實後，Emily又花了約末三分鐘時間，填完「效果平分」跟「改進與檢討」，完成整份「星期六日的生活時間表（表二）」。前後總共花不到十分鐘時間，對自己假日的時間運用做出「審視」、「重新規劃」、「打分檢討」的三大步驟。

對Emily來說，有些項目的達成度雖只有60％，一切還有努力的空間，但現在Emily已經脫離盤踞在沙發上長蘑菇的習慣，開始享受「做些自己喜歡的事」時，那種放鬆又充實的滿足感。

時間微整形

放鬆 ≠ 浪費時間。真正的放鬆，不是什麼事都不做，而是必須從事我們真正感興趣或喜歡做的事。

「管時」前，先「記時」

運用金錢跟運用時間，其實是同樣的道理。

如果我們不知道錢包或存款裡總共有多少錢，要怎麼妥善分配運用它們？想要「聰明理財」，得先從「記帳」開始，想要「聰明理時」，也是相同的道理，得先從「記時」開始。

運用金錢跟運用時間是同樣的道理，雖然我們都知道一天有24小時可以運用，但真正能運用的時間究竟有多少，我們真的都清楚了嗎？

除了上述零碎時間的運用之外，難道在平常生活中，都沒有一小塊真正屬於我們的完整時間嗎？

Sammy是個很厲害的網路二手拍賣的賣家，在馥眉《靠兼職賺到100萬》這本書中曾提到過她。

以下特別將上班族Sammy，如何在一份正職工作與兼職工作之間，取得巧妙平衡點的「時間方案」，和大家不藏私公開分享。

首先，我們先來看看Sammy如何從事二手拍賣家這份工作。

【網路二手拍賣工作概況】

Sammy說：「只要會用網路，就可以兼做這份工作，而且完全不需要囉哩叭唆的面試，工作時間也很彈性，拜現代網路科技所賜，天底下就是有這樣的好差事。」在網路時代裡，以前的不可能，都成為現代的「超可能」！

每個人家中，幾乎都有平常不太使用的東西，有的甚至是從未用過的東西，像是：中秋節摸獎摸到的電風扇、尾牙時抽獎抽中的隨身碟，另外還有洗髮精、乳液、烤肉架組合……等等。

把這些東西放在家裡，還需要挪出空間來放置它們，而且也不知道要等到何年何月，才有機會拿出來一用。面對這

些想要把它們通通變成二手商品轉賣掉的人，不需要再出門
找店面，也無需特地放到二手商店寄賣，只要坐在家中，連
上網路，就可以盛大開啟一場「二手物專賣會」。

 工作甘苦談

必須先把東西拍照、上傳，然後等待有無感興趣的人出
現，一旦有人買下，便要開始確認匯款事宜，以及迅速寄送
貨物。在一連串的過程中，每一個環節都要用心，例如：拍
照時要努力呈現出物品最好的一面、物品描述仔細之外更要
動人、回答買家速度要快、寄出貨品時也要小心包裝。

有時候遇到無禮的買家也不能生氣，畢竟「和氣生財」
才是賺錢王道。

一定要知道的重要訊息

大約工作時間與時段：不固定，通常越快回覆買家越
好。

收入：一個月能多出幾千塊收入，還可以順便清空家裡
的儲物空間，一舉數得。

酬勞價位：屬於中等價位。

是否需要相關科系：不需要。

需不需要證照：不需要。

是否有年齡限制：無年齡限制。

可接觸到的行業：在家工作，不太會需要真正面對到人。

是否需要特殊語言：並不特別需要。

應該具備哪些能力：

勞力耗費：溝通力、體力、執行力、行動力。

腦力耗費：規劃力、記憶力、時間管理能力、分析力。

魅力展現：說服力、表達力、應變力、親和力。

特殊能力：創造力、想像力、流行敏感度、天分。

什麼樣的個性比較適合這份工作：有耐心、有毅力、細心、有審美觀、主動積極、熱情又開朗。

貼心便利貼

要記得把每一項物品，都稍微整理過後再放到網路上拍賣，才會吸引買家過來喔。

金元寶錦囊

如果賣得不錯，建議可以看看身邊有無朋友需要「代賣二手商品」，可以從中賺取傭金，又可以幫朋友清空家裡多餘的物品。更棒的是，還可以讓有用物品交到真正需要它的人手中，愛護物品，愛惜地球資源。

　　以上是Sammy從事二手拍賣賣家的工作分享，現在，我們要一起來看看，忙碌工作的上班族Sammy，到底如何在極為有限的下班時間裡，身兼第二份工作當起二手物賣家。

時間微整形

有些時間，不是老天爺給的，我們得為自己積極爭取才能得到。

在時間裡創造出多種身分

Sammy做這份兼職工作前，給自己的期望是不能影響到假日生活，於是她必須把做這份兼職多出來的工作，妥善分配到星期一到星期五的平日日程表裡。

首先，Sammy亮出以下這張「平日固定事項（表三）」表格，來幫助她如何在繁忙的日常生活中，擠出需要的時間，讓自己晉身為二手物賣家，當個小老闆。

每天要做的事情實在太多了，尤其早上九點出門上班、到晚上九點才能回到家的這段時間，幾乎都屬於正職工作的時間。

為了這份「二手物賣家」的工作，Sammy開始羅列「要做的事」並標明「需要多少時間」，接著評估「可否用零碎時間完成」，再把事情分類進「屬於輕重緩急哪一項」，最終才決定完成順序為何。

填寫「平日固定事項（表三）」步驟如下：

步驟一：要做的事。

步驟二：需要多少時間。

步驟三：可否用零碎時間完成。

步驟四：完成時間。

步驟五：排列順序。

Sammy做這份兼職工作前，給自己的期望是不能影響到假日生活，於是她必須把做這份兼職多出來的工作，妥善分配到星期一到星期五的平日日程表裡。

Sammy每天平均要晚上九點才能回到家，稍微休息一下，吃點東西放鬆過後，往往已經晚上十點，再加上隔天要上班，Sammy規定自己午夜一點前一定要上床睡覺。

如此一來，時間規劃如下：

時間	狀態
晚上九點	到家
晚上九點～十點	吃飯＋休息
晚上十點～十二點	兩個小時可以好好運用的時間！
晚上十二點～一點	梳洗＋整理與安排明天出門所需要的東西
晚上一點	睡覺時間

於是，每天晚上十點～十二點Sammy的身分不是上班族，不是某某公司的員工，而是自己二手物專賣店的小老闆。（右表是她這份兼職工作的時間規劃）。

由上表我們可以看出，Sammy雖然多了一份兼職工作，這通常意味多一條收入來源，但真正工作的時間並沒有太多，很多事情都可以在通勤的空閒時間裡，輕輕鬆鬆處理完畢。

只有「整理出可以販賣的商品」、「為每項商品拍出美美的照片」、「仔細包裝商品、寄出商品」，需要花費較多的整塊時間。

因為妥善運用「平日固定事項（表三）」表格的協助，Sammy雖多兼了一份工作，但其實並沒有為生活帶來太大的負擔，更棒的是——因為妥善運用原本可能一直泡在電視機前面的時間，不僅為自己賺到一小筆額外收入，還賺到滿滿的成就感與自信感。

對Sammy來說，當個二手物賣家，不僅可以賺到錢，也是一種全新的體驗，畢竟對以前的人來說，要開一間二手物專賣店是件有門檻的事，而現在自己只要把商品放上網路，就可以過過當小老闆的癮，是一件有點奇妙又可以賺到實質回饋的事情。

平日固定事項（表三）【範例】

排列順序	要做的事	需要多少時間	可否用零碎時間完成	可以運用的時間
1	整理出可以販賣的商品	一次約莫兩小時左右。	否	需利用下班後的時間完成，規定自己每星期一晚上10點到12點整理出可以販賣的商品。
2	為每項商品拍出美美的照片	每項商品粗估兩分鐘，以此推算。	否	通常工作時間為星期二晚上10點到12點。
3	仔細描述每項商品	每項商品粗估五分鐘，以此推算。	可	利用上班通勤時間，在手機上輕鬆完成這份工作。
4	放到網路上開張販賣	操作熟練後，可以速度飛快。	可	利用上班通勤時間，在手機上輕鬆完成這份工作。
5	回答買家問題	一次約莫五分鐘。	可	利用上班通勤時間，在手機上輕鬆完成這份工作。
6	確認匯款	順路到ATM確認，並不需要花太多時間。	可	上下班途中順便確認就可以，並不需要額外花很多時間處裡喔。
7	仔細包裝商品、寄出商品	一項商品約需十分鐘左右。	否	通常工作時間為每天晚上10點到12點。
8	確認完美完成交易	順路到ATM確認，並不需要花太多時間。	可	上下班途中順便確認就可以，並不需要額外花很多時間處裡喔。

現在，請深深口氣，輕輕閉上雙眼，思考是不是有什麼事情，讓自己的生活變得十分忙碌，心裡頭總是有股「感覺事情永遠都做不完」的焦慮感？

　　這件事可能是一份兼差工作，可能是家務事，也可能是自己還在努力的夢想，或是一直很感興趣卻遲遲沒去碰的事情，例如：學習手作娃娃。

　　請利用短短幾分鐘時間，把這件事找出來，利用「平日固定事項（表三）」，把這件事真正要做的事項，一一羅列出來，在依照上述順序一一填入。

　　等我們花點時間寫完這張表格後，很可能會發現原本覺得有些煩、有點亂的事情，似乎沒有想像中困難。

時間微整形

事情沒有「難或不難的差別」，只有「做或不做的決心」。

 平日固定事項（表三）

排列順序	要做的事	需要多少時間	可否用零碎時間完成	可以運用的時間
1				
2				
3				
4				
5				
6				
7				
8				

上班族也能用時間燃燒夢想

把興趣投注到假日生活裡，就必須與休息時間妥善分配，最好能休息與創作兼備，才算是好的時間規劃。

對Sammy來說，當個二手物拍賣賣家是一種新的生活體驗，也是一份兼職工作，我們對時間的運用，除了賺錢與開發更多生活可能性以外，其實還有一群人，用時間餵養自己的夢想。

在馥眉《靠兼職賺到100萬》這本書中，曾提到過喜歡畫畫的小米，對他來說，畫畫是種興趣，也是一種愛好，更是生活熱情傾注的出口。

小米在工作之餘，依然抓緊每分鐘時間畫畫，有時候甚至還能在畫的很開心之餘，為自己賺進可觀的收入。

如何在工作與興趣之間取得平衡點，請見以下在馥眉《靠兼職賺到100萬》一書中，小米大致的工作狀況。

【插畫家工作概況】

白天在科技公司上班，下班後回到家裡，除了吃飯、看電視之外，還可以做些什麼呢？

從小就喜歡畫畫的小米，為了一圓自己小時候想要當畫家的夢想，下班後成了插畫家。

每天下班回到家中，稍微休息過後，小米就會拿起繪圖板，開始畫畫。

以前他在課本上畫畫，現在則直接繪在電腦裡；以前畫畫沒有錢拿，還會被老師罵，現在卻可以畫得很開心，還有錢賺。

小米習慣上網接案，利用各式各樣的畫風與不同需求，來磨練自己的畫工，不過，插畫一條路走來並不簡單喔！

工作甘苦談

必這是一份關起門來的工作，不需要到特定的公司上班，可以省下不少交通時間，工作時間也相對比較自由。

不過，為了可以把畫完成到最好，有些人一張畫的平均時薪居然低得很可憐，所以必須在品質跟速度之間，拿捏好分寸喔。

⚠ 一定要知道的重要訊息

大約工作時間與時段：可以視自己時間來做安排。

收入：簡單插畫一張圖大約300～1000元不等，視大小與需求而定，也有人畫一張單面的彩色畫，就可以拿到一萬元，不過畫工需要比較精細。

酬勞價位：屬於中等價位。

是否需要相關科系：不需要。

需不需要證照：不需要。

是否有年齡限制：無年齡限制。

可接觸到的行業：各行各業，主要是出版業，也有政府機構拋出的動畫插畫類案子。

是否需要特殊語言：不需要。

勞力耗費：溝通力、體力、執行力、行動力。

腦力耗費：規劃力、記憶力、時間管理能力、分析力。

魅力展現：說服力、表達力、應變力、親和力。

特殊能力：創造力、想像力、流行敏感度、天分。

貼心便利貼

　　插畫價格很混亂，有的人畫到後來會跟人一起合作完成繪本，這時候可以選擇賣斷，或者是拿版稅。一般的圖也會分成大小、精緻程度、是否上色，來決定價錢。

金元寶錦囊

　　等到慢慢累積到一定的知名度，有時候會有雜誌來專訪，也有電信業者找上門，主動要求合作。不過，和電信業者合作，大多是用拆帳的方式，也就是多少人訂購這項服務，插畫家就可以從中抽取多少費用，拆帳比方面在簽約的時候，一定要相當謹慎小心。

　　也有人跟電信業者的合作方式，是東西過去後，對方先付一筆款項後，再進行拆帳，這樣對創作者比較有保障，但是圖畫的所有權歸誰、使用權期限多久……等等，就必須要簽合約規定清楚喔！

什麼樣的個性比較適合這份工作：熱愛畫畫的人最為適合。

　　以上是小米在業餘時間從事插畫的概況。

　　常常有人會問，已經擁有一份正職工作的小米，到底從哪裡擠出創作的時間？根據小米的習慣，養成每天睡前畫個一小時過過乾癮，主要用來畫一些上網接下的小案子。

　　對小米來說，真正的創作時間通常會集中在寶貴的星期六、日來進行，不過，把興趣投注到假日生活裡，就必須與休息時間妥善分配，最好能休息與創作兼備，才算是好的時間規劃。

　　這部份會在下一篇分享小米的「假日行程表」，看看小米如何在寶貴的假日裡，拿捏好休息與創作的時間。

**時間微整形**

　　一天有多少時間可以運用，是老天爺決定的。

　　能有多少時間被真正運用，由我們自己決定。

用「表格」，
為夢想鋪出一條康莊大道

> 感覺「時間總是不夠用」的關鍵，不在於擁有時間的多寡，
> 而是我們是否妥善運用每一分鐘。

「想要做的事情有很多，可是時間總是不夠用。」

身邊不少朋友都有這樣的小小遺憾，恨不得一天的時間能翻倍，老是幻想如果一天有48小時或者時間過慢一點就好了。

一天擁有24小時不夠用，就算一天有48小時或者時間過慢一點，還是不夠用。感覺「時間總是不夠用」的關鍵不在於擁有時間的多寡，而是我們是否妥善運用每一分鐘，利用時間完成想要做的事。

承上篇，小米是個熱愛畫畫的人，善用平常時間完成網路接案的案子，但小米並不以此滿足。

小米目前正在積極從事繪本創作，這件事需要花更多的精力，所耗費的時間也需要一段完整的時間來投入繪本創作。

平常下班後，不管是精神還是時間，都比較零碎且不充足，於是小米決定把繪畫創作整個挪到假日來做。

不過，為了更加專注在創作上，小米將創作工作細分為許多項目，有些在平常零碎時間可以處理的事項，就不會浪費大把、大把的寶貴假日時間來進行。小米總說，每個假日一睜開雙眼，除了基本生理需求之外，其餘時間都可以專注在畫畫上的感覺真的很棒。

正因如此，小米雖是一個上班族，卻依然順利完成想要成為插畫家的夢想，不僅平常接案練筆賺外快，還能出書實現自己一直來的夢想。

在表格「假日固定事項（表四）」中，我們可以看見小米把不需要大塊時間完成的創作工作，通通挪到平日裡完成，等到假日一到，只需要打開電腦，就可以直接從事繪畫創作，而非才開始對著空白紙張發想故事。

假日固定事項 （表四）【範例】

列序	要做的事	需要多少時間	可否用零碎時間完成	可以運用的時間
	故事發想	不一定，依靈感與發想速度而定。	可	每天上下班通勤時間，小米都會坐在捷運車廂裡發想，並隨手記入手機裡。
	撰寫大綱	約莫5～10小時不等，依靈感與發想速度而定。	可	通勤時間或午休時間，小米都會趴在桌上草擬大綱。
	草稿圖創作	一張草圖約半小時～一個半小時，有無靈感可以決定速度的快慢。	可	通勤時間或午休時間，小米也會趴在桌上創作草稿圖。
	正式創作	需要完整而大量的時間投入。	否	假日從醒來那一刻起，便開始創作，先一邊吃早餐一邊發想，然後打開電腦開始創作。
	最終確認與修潤	需要完整而專注的投入。	否	小米習慣利用假日時間進行最終確認與修潤，讓自己可以更加專注完成故事的最終版本。
	與出版社聯繫	通常寄出電子郵件即可。	可	逮到空檔時間就寄信。
	作品最後補強	需要完整而專注的投入，所耗時間也不少。	否	在假日時間裡，專注且專心完成作品的最後修飾。
	準備出書事宜	通常電子郵件聯絡即可。	可	逮到空檔時間往返電子郵件。

對想要從事繪畫創作工作的小米而言，缺的不是零星時間，而是大塊、大塊能夠讓自己專注創作的時間。

對上班族小米來說，平常下班後不太可能有這樣的時間出現，就算有，頂多大概能擠出兩個小時就非常了不起。正因如此，假日能夠一口氣畫個5、6、7個小時的時間，更加顯得珍貴。

為了不浪費假日寶貴的一分一秒，小米把創作工作分成許多細項，將平常可以處理的部分，盡量利用平日空閒時間處理完，等到假日時間一到，小米便可以把所有心力放在繪畫創作上。

現在，請仔細想想，有沒有什麼自己一直很想試試看的夢想，例如：跟小米一樣的繪畫創作、從事小說創作、學習陶土創作、手作娃娃跟錢包……等等，都可以套用小米對時間的運用模式，以及下面空白的「假日固定事項（表四）」，來試試自己的身手喔。

時間微整形

有些事看起來似乎很難、很花時間、幾乎不可能達到。但只要我們將它切割成許多工作細項，再把能從事這些事情的時間好好規劃出來，接下來，只要把工作細項放到這些能運用的時間裡，說不定就可以輕鬆完成連自己都意想不到的作品喔！

假日固定事項 （表四）

排列順序	要做的事	需要多少時間	可否用零碎時間完成	可以運用的時間
1				
2				
3				
4				
5				
6				
7				
8				

memo

Chapter 2

聰明合併做事，
效率加倍奉還

「工作效率激增」
五大黃金建議

> 每多切換一次網頁，就多浪費時間在處理沒有效益的工作上。

　　Vivian每天都必須加班到晚上9點過後，才能踏出公司回家，回到家時常已經晚上10點多。日復一日的超時工作，讓她感覺工作壓力很大，身體也因此出了狀況。

　　有天，Vivian在公司裡最要好的同事 Winnie 約她一起吃飯，兩人一陣閒聊後，Winnie突然問起她的工作狀況。

　　Vivian回答：「我也不知道為什麼總是無法準時下班？明明很努力工作，但事情總是做不完。」

Winnie請Vivian把平常工作情況告訴她，於是Vivian
說：「早上一到公司，我就開機上網，先點開mail收信匣，
看看有沒有重要的信件進來？如果有緊急信件，我會立即回
覆，通常忙完這件事已經快11點，接著點開前一天未完的
工作，把案子繼續往下做，同時一邊回到信箱，看看早上寄
出的信件是否已經有回覆？午休結束後，我也是先檢查mail
收信匣，做完回覆工作，用電話做完所有連絡工作，再回頭
處理案子，只是這時候往往已經快要到下班時間。」

Winnie聽完後，給出以下五條黃金建議：

第一條：進公司打開電腦第一件事，請先點開重要且時
間緊迫的案子開始工作。忌：從收信匣開始工作。

如果是非常緊急的信件，對方會親自打電話過來確認，
沒有必要耗費太多精神在收信匣裡頭，特別是那種一封信可
能要打個1小時以上的信件回覆，會耗費掉工作效率最好的
上午時間。

第二條：把所有要用MAIL回覆的事項，一次整理出
來，在早上11點或11點半的時候，再進入收件匣裡，開始
一連串瘋狂的收發信件。收件匣工作要點：先把自己需要確
認、想要獲得資訊、迫切需要連絡的信件發送出去後，再來
回覆別人想要確認的事項、別人想要獲得資訊。

第三條：午休完，開始下午的工作時間，這時候請先從手邊需要完成的案子做起，不用急著去收午休前才剛處理的信件匣，因為大多是信件不是還沒回覆，就是正在處理中。

第四條：工作中的大忌——一邊處理手邊重要案子，一邊常常跳出手邊工作，把畫面切到信件匣。每切換頁面一次，工作就必須中斷一次；工作每中斷一次，代表我們比別人花費更多時間在確認與切換這件事情上。

如果有重要信件非確認不可，也不要每隔10分鐘就按一次收信匣，至少要等手邊工作告一個段落，或起身從洗手間回來時，再檢查收信匣即可。請記得，每多切換一次網頁，就多浪費時間在處理沒有效益的工作上。

第五條：等手邊重要案子處理告一段落，再緊鑼密鼓用信件匣與電話，進行大量的連絡工作。總之，**應該率先完成老闆和主管會詢問的工作**。

而一般老闆很少會問「今天發出多少封信件」、「連絡了多少人」，只會問「案子規劃完了沒」、「企劃案今天要用」，以及「明天要用的簡報，我今天要先看過一次」。

時間	工作項目	順手整理	忌諱
:30	先點開重要且時間緊迫的案子開始工作	把所有要用MAIL回覆的事項，一次整理出來	從收信匣開始工作
:00	開始一連串瘋狂的收發信件	哪些回覆今天一定要完成確認	只丟信，卻不知何時該完成確認
:00	午休		每個10分鐘就按一次收信匣
:30	先點開重要且時間緊迫的案子開始工作	把所有要用MAIL回覆的事項，一次整理出來	不用急著去收午休前才剛處理的信件匣
:30	重要案子告一段落，進行大量的連絡工作	開始完成確認動作	只丟信，卻不知何時該完成確認

時間微整形

「效率加倍奉還」之一：把所有要連絡的事項，先一一列點寫出，如果需要同時對許多人交代許多事，平常可以先寫在便條紙上，以免寄信時漏掉任何一項；等所有事情統整到一定程度後，再一次發信給對方。

如此一來，對方只會收到一封信件，一次性把所有問題處理完畢，我們也只會收到一封回信，並同時完成許多事情，而不是在一來一往瑣碎的互動中，將重要事項給遺漏了。

9-11	精華時間	開始工作！ 先處理重要且時間緊迫的案子
11-12		只用午休前一個小時 一次整理、回覆MAIL
12-13		**午休**
13-17	精華時間	不用急著收信件 先從自己需要完成的案子做起
17-18		利用電話、MAIL 進行大量連絡工作

進行確認

綁在一起做，更能事半功倍

「事半功倍三大原則」：原則一：一次性解決所有必要的「外出會議」。原則二：和屬下開會，多採「一對一」方式。原則三：把性質類似的工作分門別類，一次完成一個類別裡的工作。

Winnie是公司公認做事效率一流的主管，對於手邊工作流程安排，很有自己一套省時又省力的方法，「事半功倍三大原則」完整公開如下：

原則一：一次性解決所有必要的「外出會議」。

如果今天必須到公司以外的地方開會，Winnie會盡量安排其他的外出會議，也都在同一天。

所以Winnie一個月會有幾天時間在外面開會，不進辦公室，或者進辦公室打卡後，整天在外頭跑來跑去，直到下班前再進辦公室。

對Winnie來說，如果一天安排一個外出會議，就需要花來回兩趟的交通時間，另外還有必須為外出會議所準備的得體服裝與化妝，這些都是時間與精神成本。

一次跑完所有外出會議，不僅可以省下打扮時間，還能省下更多往返的交通時間，更棒的是，這樣開會的效果通常會非常好。

原則二：和屬下開會，多採「一對一」方式。

除非必要，否則Winnie很不喜歡把所有屬下集中起來，關進會議室裡，一個接著一個討論每個人手中案子的問題。

Winnie喜歡更有效率的方式，採一對一個別討論，迅速抓出下屬需要協助的部分，給予立即指導。

原則三：把性質類似的工作分門別類，一次完成一個類別裡的工作。

例如，所有需要用電話連絡的事項，會全部集中在一起，一次打完所有電話；或者是需要回覆的信件，也會一次統一回覆；需要創意發想的案子，也會集中在同一天完成，讓那天腦袋都處於放鬆的發想狀態，不需要偶爾跳出創意發想，突然開始動手完成嚴謹的規劃工作。

三個外出會議「分天」進行時......

整裝 ▶	出發 ▶	開會時間 ▶	回程
整裝 ▶	出發 ▶	開會時間 ▶	回程
整裝 ▶	出發 ▶	開會時間 ▶	回程

如果每開一次會,就必須花四格時間
分天的三個會,必須花12格時間成本!

三個外出會議「同天」進行時......

整裝 ▶	出發 ▶	開會時間 ▶	回程
整裝	出發	開會時間	回程
整裝	出發	開會時間 ▶	回程

如果將會議集中在一天,能省六格時間
是原本時間成本的一半!

人類大腦是種很奇妙的構造，當我們嘴裡講著中文，突然有外國人跑來和我們說話，腦中的語言系統必須先切換成英文，才有辦法開始用英文和對方溝通。

平常做事或工作也是相同道理，這就像必須切換電腦頁面，我們才可以從視訊網頁，跳到收件匣。人腦也一樣。

當我們一直從事「規劃工作」，突然要跳到「發想工作」，腦袋必須先經過一段轉換的時間；如果我們再從發想工作，跳到連絡工作，腦袋勢必又必須經過另一段轉換的時間。

與其讓腦袋跟著混雜的工作不斷轉換、切換、再轉換，不如盡量讓腦袋保持在嚴謹的規劃工作類別，或放鬆的創意工作類別裡，直到這件事被完整處理完，再進行轉換的動作。

 時間微整形

將相同類別的事情綁在一起做，常常會有種「越做越順手」的感覺，那是因為從事相似事情時，大腦會自己找出更快完成事情的捷徑，或是運用相同邏輯處理類似事情，自然達到事半功倍的超棒效果！

善用「分類法」，
一次搞定所有事

> 在工作中，很多事情往往牽一髮動全身，我們一舉一動的表現，不僅流入同事眼裡、主管腦中，更會影響老闆對我們的印象。

　　每天早上睜開雙眼，常有種事情總是做不完、好像有很多事應該做，卻都還沒做的沉重感。不管是生活或工作，小到丟個垃圾，大到是否要進行投資，身邊總是充滿各式各樣的挑戰、待辦事物、需要處理的各種瑣事。

　　這裡我們先談該如何幫工作進行有效分類，下一篇，我們再一起來看如何幫生活瑣事分類，讓我們能夠輕輕鬆鬆在不知不覺中，一次完成所有待辦事情。

　　把「相似的工作事項」綁在一起做，可以幫助我們更加事半功倍，但前提是——**要怎麼將成堆的工作進行分類？一般工作又可以分為哪幾類呢？**

「發想型事項」：任何需要創意發想的工作，都屬於這類工作。例如：廣告提案發想、創造性工作、強調獨特性的企劃案、故事發想、劇本發想、全新的計劃案、商品開發……等等。

「規劃型事項」：需要嚴謹規劃、力求每個環節都緊緊相扣的工作，都屬於這類工作。例如：頒獎典禮規劃、企業目標規劃、每日工作規劃、人生規劃、年度業務進度規劃……等等。

「聚斂型事項」：經過發想型工作後，常常伴隨收斂思考，將無邊無際的點子或內容，製作成能秀給客戶或廠商看的提案。例如：新車廣告提案、新產品上市提案、活動提案、尾牙節目提案……等等。

「連絡型事項」：舉凡需要利用電話、訊息、mail和人連絡的事項，都屬於這一類。例如：電話確認、往返寄送案子進度的mail、用訊息交代工作事項……等等。

「討論型事項」：兩個人以上，關在同一個空間，大量溝通的場合，都屬於這類工作。例如：每週會議、臨時會議、關上辦公室門板的私下討論、線上會議、外出會議、咖啡廳會議……等等。

「雜事型事項」：工作中總有許多非真正工作的瑣事要
處理。如：出差回來的發票需要上報、會計算錯薪資條、不
同部門間的工作進度回覆、請假單是否核准⋯⋯等。

以「雜事型事項」為例，如果我們上午拿著發票找會
計，下午跑去隔壁部門問進度狀況，隔天上午又跑會計部
確認薪資條，下午又衝總務室遞請假單。這麼做不僅會在
「無感中」浪費許多寶貴時間，也會給人「他怎麼常常不在
位置上」的壞印象。

在工作中，很多事情往往牽一髮動全身，我們一舉一動
的表現，不僅流入同事眼裡、主管腦中，更會影響老闆對我
們的印象。

把相似的工作事項綁在一起做，不但能事半功倍，還可
以製造出我們做事相當有條理的印象，而這一點正是主管與
老闆最愛的員工特質。

時間微整形

凡事不要想到什麼就去做，而是集中「不需要緊急處理」
的相似事情，再一口氣漂亮完成。

有時候暫時放下某件工作，不是要拖延，而是打算一股作
氣讓工作進度大大超前！

戰鬥早晨SOP流程

「工作」需要分類，「生活瑣事」更需要好好分類！

為什麼類似的事情放在一起處理，能達到更棒的效果？因為同一類事情在處理的時候，往往需要的資源是相同的，所以能輕鬆一次做完N件事，不需要每做完一件事，又得轉頭挖出新資源，才能完成下一項工作。

工作需要分類，生活瑣事更需要好好分類！
Tracy很少有被事情追著跑的壓力，不是她生活瑣事很少，也不是有人代替她處理，而是她真的**很會利用時間，讓「事情綁事情」**。別人出門倒個垃圾，只是單純倒個垃圾，Tracy卻不會讓倒垃圾只是單純倒垃圾。

Tracy做事效率只能用快、狠、準來形容！

這裡的「快、狠、準」，指的不是她動作有多快，而是她能在最短時間內，知道接下來有哪幾件事需要完成，**用最少的時間，從容完成一拖拉庫的事情，而且很少有待辦項目被漏掉。**

Tracy最為朋友所津津樂道的，便是「戰鬥早晨SOP流程」──早上醒來梳洗打扮＋吃早餐，既定SOP流程讓所有手忙腳亂，輕鬆一次到位！

手忙腳亂的早晨是許多人每天的夢魘，Tracy剛出社會工作時，不僅每天早上過得像打仗，還時常漏東忘西，造成工作跟生活上很多困擾。

為此，Tracy為自己量身打造一套最棒的戰鬥早晨SOP流程，自從把這套SOP做順後，她的人生也跟著得心應手起來。

每天從床上睜開眼開始，Tracy就算閉著眼睛，腦袋一片混沌，也可以完成所有早晨工作。

步驟一：首先走到廚房。燒水→把需要加熱的早餐先處理（先把需要時間完成的早餐準備好）。

步驟二：來到浴室：刷牙→洗臉→塗乳液→化妝（把頸部以上整理完畢）。

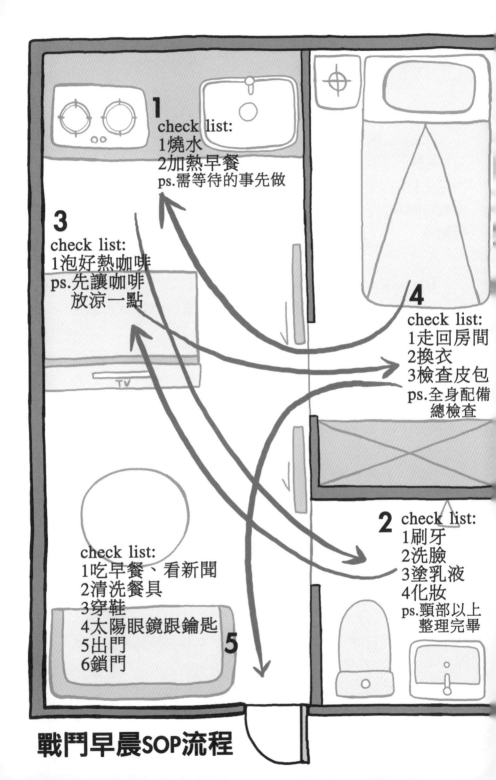

1
check list:
1燒水
2加熱早餐
ps.需等待的事先做

3
check list:
1泡好熱咖啡
ps.先讓咖啡
　　放涼一點

4
check list:
1走回房間
2換衣
3檢查皮包
ps.全身配備
　　總檢查

check list:
1吃早餐、看新聞
2清洗餐具
3穿鞋
4太陽眼鏡跟鑰匙
5出門
6鎖門
5

2 check list:
1刷牙
2洗臉
3塗乳液
4化妝
ps.頸部以上
　　整理完畢

戰鬥早晨SOP流程

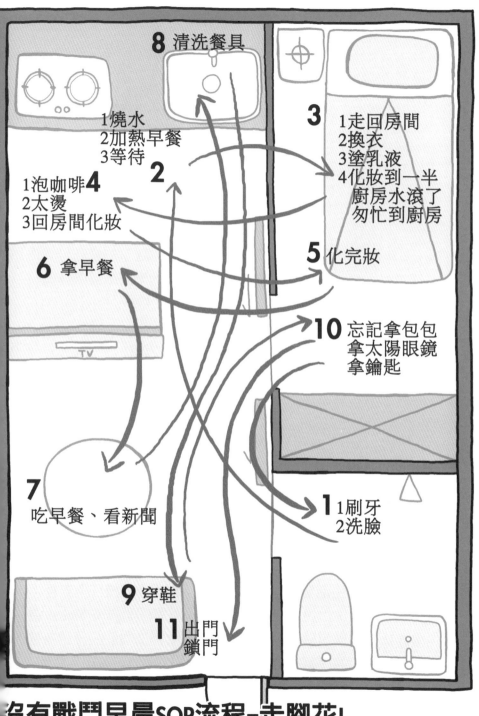

8 清洗餐具

3
1走回房間
2換衣
3塗乳液
4化妝到一半
　廚房水滾了
　匆忙到廚房

1燒水
2加熱早餐
3等待

2

1泡咖啡**4**
2太燙
3回房間化妝

5 化完妝

6 拿早餐

10 忘記拿包包
　　拿太陽眼鏡
　　拿鑰匙

7

吃早餐、看新聞

11刷牙
2洗臉

9 穿鞋

11 出門
　　鎖門

沒有戰鬥早晨SOP流程=走腳花!

步驟三：回到廚房跟餐廳。泡好熱咖啡（先讓咖啡放涼一點，以免飲用時過燙）。

步驟四：走回房間。換衣→檢查皮包是否帶齊所有東西（全身配備總檢查）。

步驟五：最後走回餐廳。拿出烤好的麵包→邊吃早餐邊看新聞→清洗餐具→穿鞋→拿起大門旁的太陽眼鏡跟鑰匙→出門→鎖門。

所有流程必須一個環節全部完成，才再往下完成另外一個環節。行程環環相扣的好習慣，一旦把這套流程做熟，有時候不小心漏掉其中一項，自己便能馬上驚覺出來。

Tracy的「戰鬥早晨SOP流程」有個特色：利用「屋內區塊」來做分類，她不會一下子衝浴室刷牙，一下子又鑽進廚房煮水，接著又殺回房間換衣服，最後又衝回浴室化妝。

這套「戰鬥早晨SOP流程」不僅考慮到「走動路線」，還兼顧到「生活需要」。例如：Tracy不會先梳洗換衣後，再跑去燒水，白白浪費等水滾的時間，她設計成先燒水、再煮咖啡、最後還貼心給自己一杯不會太燙的熱飲品，做為拉開美好一天的序幕！

這樣做，超省時！

請動腦想想，有沒有平常其實沒什麼時間做，卻又非做不可
的事呢？

　　看完Tracy的「戰鬥早晨SOP流程」，我們再一起來看
看Tracy如何運用小智慧，幫自己省下更多時間資源，其中
包括朋友們間最津津樂道的「倒垃圾順便做這做那」法。

　　Tracy愛用方法一：出門一趟倒垃圾，就順便把這些事
完成吧！

　　星期一倒垃圾，有沒有回收紙類物品？星期二、星期三
有回收的東西又是什麼？為了有效預防每次下樓倒垃圾，就
必須重新想過這些問題，Tracy的因應做法很聰明，把星期

幾回收什麼東西的單子，貼在陽台平常放垃圾的地方，每次倒垃圾的時候，只要回想今天是星期幾，就可以在下樓倒垃圾時，順便把當日可回收的物品拿下樓。

另外，家住20樓的Tracy，很不喜歡等倒垃圾時間到了，再搭電梯下樓，因為必須等電梯等很久。她喜歡提早10分鐘下樓、晚10分鐘上樓，聰明避開人多的時候。在這20分鐘裡，Tracy可以好好拿來利用，例如：拿酒瓶去超商回收、到管理室繳交管理費、到警衛室拿包裹，或者到社區健身房做20分鐘運動。

如果需要完成的事很多，Tracy就會寫成一張清單，貼在陽台放垃圾的地方，等到要下樓倒垃圾時，只要順手把清單拿上手，就能出門把事情一一辦妥再回家。Tracy總說，既然都出門一趟了，不一次把需要「外辦」的事情處理完再回家，感覺很浪費時間吶。

Tracy愛用方法二：上班途中多走幾步路，輕鬆完成煩人瑣事。帳單還沒繳、衛生紙好像快用完了、今天早上已經吃掉冰箱裡最後的蛋跟培根……一堆瑣事老在腦袋裡打轉，不但令人生厭，還可能導致我們工作效率變差。

根據心理學研究指出，人在心情低落，或者腦袋裡頭被過多雜事纏繞時，會影響到工作效率與思考速度！

　　這個道理很容易理解。請試想，當我們左右開弓、深深陷在工作流沙堆裡時，腦袋突然閃過「糟糕！上個月的電費好像還沒繳」，或者頭頂緩緩飄來一朵厚厚的情緒烏雲，原本左右開弓的雙手不是停頓，就是重重垂下，精、氣、神頓時灰飛煙滅。整個人從工作流沙堆裡，被抓出來，一腳踢進「工作進度前進緩慢」的沙漠裡。

　　為了避免被心頭雜事拖垮工作進度，Tracy在收到各種帳單的隔天，一定會在上班途中、中午外出買午餐，或晚上回家途中，多走幾步路，繞進便利商店裡繳清費用。

　　這個方法不只針對繳費，還包括購買日常生活用品、補充家裡冰箱內的食物、順路把眼鏡拿去修……Tracy每天上下班路徑，會隨著今天要辦哪些雜事而更動。方法二的大原則：一旦下班踏進家門，就代表已經把事情都處理完，接下來的所有時間，都是屬於自己的放鬆時間。

　　Tracy愛用方法三：將平日沒時間做的事，假日一次通通搞定。如果平常工作太忙，Tracy就會利用假日整天的時間，想方設法將平常工作日要做的事情，通通一次搞定。

　　前年，Tracy為了存錢到古代的長安（現今西安）來趟兵馬俑旅行，對自己下達了「存錢令」，她僅僅只靠一個習慣的改變，就讓自己在一年之內，**聰明存下可觀旅費**。這個

方法就是：「外食」變「自己煮食」。在這一年中，Tracy有段時間必須天天加班到很晚，回到家裡時累得只想馬上撲向床，別說準備隔天的便當，就連最基本的卸妝、梳洗，她都要打起十二萬分精神才搞得定！

Tracy曾經一度打算放棄兵馬俑之旅，經過評估跟思考過後，為了不加重自己平常的負擔，她決定在星期天這天，將一整個禮拜的午餐便當準備起來，像是一大鍋的馬鈴薯紅蘿蔔咖哩、滿滿都是料的滷味鍋、滷白菜……各種方便又好吃的菜餚，都是她的首選便當菜。

現在，請動腦想想，有沒有平常其實沒什麼時間做，卻又非做不可的事呢？請把這些在平日把我們弄得很累的事情挑出來，仔細思考一下，有沒有可能把這件事，一次集中在假日完成，讓忙碌的平日可以稍微放鬆一點。

時間微整形

一邊胃痛，一邊緊張兮兮過著步調緊湊的平常日，真的是我們想要的生活嗎？如果平常日中的工作太過吃重，建議可以適時將某些雜事，集中一次高效率處理完，不僅可以舒緩平日壓力，也能在節省更多時間之餘，常保健康好心情。

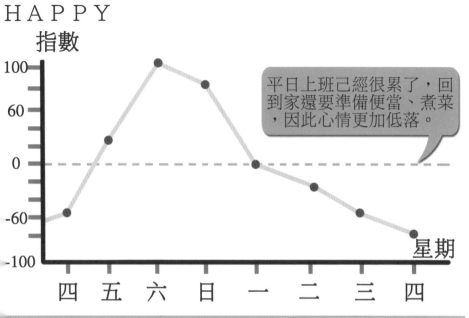

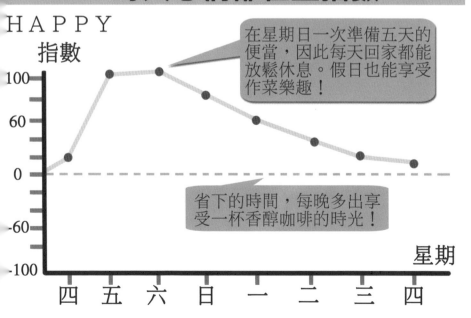

洗澡＋保養＝效果加倍！

一拖拉庫的事，如果可以在同個地點通通搞定，就可以省下很多寶貴的時間。

　　佳佳每次洗澡幾乎都要耗去一小時左右時間，等洗完澡踏出浴室，從吹乾頭髮到做完保養，又要花去一小時，只要有洗頭的日子，沐浴加保養時間，總共要耗去整整兩個小時。

　　為什麼佳佳洗澡、洗頭要耗去一小時？

　　首先，佳佳會用兩種不同品牌洗髮精洗兩次頭，接著護髮，沖水。洗臉跟身體一樣，先做一次清洗動作，再去角質。

　　為什麼從吹乾頭髮到做完保養又要耗去一小時？因為佳佳不僅要全身慢慢推過一次乳液，臉上的化妝水、乳液、精華液更是要一層抹過一層。但現在佳佳只花一小時，就可以搞定以上所有事情，更重要的是──保養效果加倍！

　　從花費兩小時到一小時中間，佳佳唯一改變的行為：將「保養程序」在熱氣蒸騰的浴室裡快速搞定。

　　佳佳依照個人習慣先洗兩次頭、用熱毛巾包住頭部護髮，接著洗臉、洗澡，最後去角質、沖掉護髮乳，一次性沖掉從頭到腳所有髒汙。

　　洗完澡後，在熱氣蒸騰的浴室裡，佳佳趕緊做好臉部保濕保養，同時趁著尚未穿衣，將乳液慢慢推勻至全身，等乳液塗好時，再為臉部做第二層保養，等她穿衣踏出浴室後，所有清潔與保養工作已經完成的差不多了。

　　佳佳沐浴時間縮短，除了速度變快之外，最重要的一點是她更加懂得利用「一次沖洗掉從頭到腳所有髒汙」、「在最沒有障礙物時塗抹全身乳液」和「運用浴室熱蒸氣，讓護髮護膚更加事半功倍」。

　　其實在我們生活中，還有許多細節值得被注意，只要用點腦筋、多花點心思，不僅可以省到時間，還可以把生活例行公事做得更好、更棒！

台語中，有個很有趣的詞：「走腳花」。這個詞有點貶意，意思就是一個人到處走來走去，看起來似乎很忙碌，但實際上完成的事情卻很少，用「腳花」來代表行為背後的「事倍功半」。

為什麼不用其他詞來形容，偏偏要說「走腳花」？其背後暗示走來走去的「空間」，將會耗去許多不必要的時間跟精力。

一拖拉庫的事，如果可以在同個地點通通搞定，就可以省下很多寶貴的時間，這就是大賣場為何受歡迎的原因。

請想想，日常生活中的購物行為，我們已經懂得利用在同一地點搞定所有事情，來達到各種效果；那麼生活中是不是還有些事，其實並不需要東奔西跑，有時候花點巧思，將地點固定在同一個地方，反而可以幫助我們把事情做得更快、更好？

時間微整形

每個人、每天都要做許多生活中的例行公事，如果我們可以把做這些事的時間縮短，同時創造更好的生活品質，等於創造時間上的「三贏」局面。

第一贏，省到時間。

第二贏，生活品質變得更好。

例如：護膚效果變得更棒，也更容易使乳液均勻塗抹全身。

第三贏，把省下的時間，再拿去好好運用。

例如：更放鬆的享受生活、每天一小時經營粉絲團、從事自己喜愛做的事情。

等一下，可以做得更快！

有時候稍微「等一下」，工作效率不僅不會變慢，反而還會變得更快。

　　早上有個包裹要寄出，必須到郵局去一趟，於是停下手邊正進行到一半的工作，飛也似奔向郵局處理郵政業務；下午需要到郵局旁的銀行換美金，也要再跑一趟郵局，再寄另外兩封信、一個包裹；隔天一大早，又有支票要存進銀行……

　　以上這些事都不急，但早做晚做都要做，不如事情一來就馬上處理。

　　話雖如此，不過，有時候稍微「等一下」，工作效率不僅不會變慢，反而還會變得更快。例如：不急著一定要馬上處理的包裹寄送，其實沒必要知道要寄，馬上就抱起包裹腳踩風火輪迅速向外衝！

　　更不需要把半星期過後才會到期的支票，一拿到手就急著存進郵局裡，除了支票作業需要四個工作天才能完成外，支票日期尚未到達，款項是不會流進戶頭的，意思是現在存支票和10天後再拿去存，錢錢入袋的時間其實是一樣的，實在沒必要趕在一時。

　　上述例子中，今天上午、今天下午，以及明天都要跑一趟郵局跟它旁邊的銀行，總共需要來回三次，不僅花費時間，也很浪費體力，如果又碰上颱風下雨或烈陽高照，就更加折磨人了。

　　有時候稍微等一下，把在近期需要到郵局和銀行辦理的事情，通通規劃在同一天「一次性」辦完，可以省下不少時間跟精神。

　　如果是關係比較緊密的小公司，有時候會計跑銀行時，也會順便問問公司內部員工，明天有沒有誰需要辦理銀行業務，她可以順便幫忙處理。

　　會計小姐之所以能夠提出「明天有沒有誰需要辦理銀行業務，她可以順便幫忙辦理」這句話，代表她前往銀行這件

事是經過計畫的，不僅能完成她手中N件工作，還打算順便幫同事一個小忙。這種情況最常出現在過年前夕，幫忙兌換新鈔時。

生活中有很多事情，是以紛亂無章型態到我們手中，如果每次事情一來，立刻做出反應動作，表面上看起來似乎動作很快，其實在不知不覺中白白浪費許多時間而不自知。

實際操作情況如下：
【處理方式一】
一堆事情冒出來 → 放下手邊正在進行的工作，立刻做出反應 → 跑了一趟銀行、一趟大賣場搞定事情 → 一堆事情又冒出來 → 立刻做出反應 → 又跑了一趟大賣場、郵局搞定事情。

中間歷程：原本手邊正在處理的事情被耽擱了，這天總共跑了兩趟銀行和郵局、兩趟大賣場。

結果：又要花額外時間處理原本手邊的事情。

【處理方式二】
一堆事情冒出來 → 先把事情分門別類，暫不處理，專心完成手邊正在進行的事項 → 一堆事情又冒出來 → 繼續把事情分門別類 → 跑一趟銀行、郵局、大賣場搞定所有事情。

中間歷程：持續完成手邊正在處理的事情，最後出門跑一趟，就能輕鬆一次完成所有事情。

結果：永遠有比人多的時間和家人相處，或是從事自己熱愛的興趣。

兩者處理事情最大的不同點：

處理方式一重複的動作——不斷做出耗時耗力的執行動作。

處理方式二重複的動作——不斷「分類事項」，一邊處理手上工作，最後一口氣完成所有事項。

每個人，每一天，只有24小時可用。明明立基點如此相同，為什麼有人卻活得像擁有36小時，甚至48小時？

其實並非他們真的擁有36、48小時，而是他們懂得**「聰明合併做事，效率加倍奉還」**。花最少時間，處理最多事情，接下來我們要做的，就是把多出來的時間花在「享受人生」這件事上。

時間微整形

如果我們無法「有效掌控時間」，就會回過頭來「被時間掌控」；後者會帶給我們老被時間追著跑、生活毫無自己的時間、每天日復一日重複機械式的生活，前者卻可以讓我們得到成就感、掌控感，以及滿滿的生活幸福感！

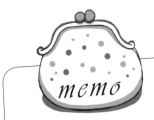

memo

Chapter 3
工作績效往上衝
七大祕招

該從哪一類工作先動工？

一般來説，公司往往會設定一個目標或多項目標，希望全體
員工共同打拼，一同實現目標，讓企業體質越來越好。

　　一天的開始，當我們坐在工作桌前，將電腦開機，雙手
捧著馬克杯，到茶水間裝滿一杯我們喜歡的飲品，回到辦公
桌坐下來。

　　電腦已經開機，雙手飛快在鍵盤上輸入帳號密碼，電腦
跳出我們熟悉的設定畫面。很好，電腦已經為我們做好準
備，宛如蓄勢待發的飛機緩緩來到跑道上，就等著引擎加
速、一飛衝天。

　　這時候，我們發現到一個小問題。

一架已經準備好要衝上天際的飛機，其實還沒弄清最先要抵達的目的地，究竟是哪裡？一架加滿油、引擎正在轟隆隆作響，卻不知該飛向哪裡的飛機？聽起或許有些荒謬，實際上卻在Jennifer的工作中天天上演。

Jennifer每天上午盯著已經開好機的電腦，雙手捧著咖啡杯，看起來似乎正在享受一杯飲品，其實腦袋正在放空，心頭默默掠過一個想法：我現在到底應該先回mail，還是先把昨天弄到一半的企劃案先完成？

於是，猶豫不決的Jennifer點開電子信箱、打開弄到一半的企劃案、回頭看一下工作進度大表格。很快的，電腦桌面下的檔案排成長長一列，Jennifer的目光滑過所有檔案，然後從回信開始作業起來。

到底該不該先從mail收件匣開始工作？

美國國防部長唐納德・倫斯斐曾說：「如果你從 email 收件匣開始工作，你是優先為別人工作。」

很多人心中有個疑問，每天在堆積如山的辦公桌上，自己應該先做哪件事？

或者，我們想都沒想過這個問題，每天總是很隨性地挑選眾多工作中的其中一項，拉開一天的工作序幕，又或者我們在不知不覺當中，天天一頭埋進email 收件匣裡，來到唐納德・倫斯斐所說的——優先為別人工作？

優先為別人工作並沒有什麼不好，尤其有些工作本來就是以人為服務對象，每天先從email 收件匣開始工作，說不定還能直接命中想要的目標。

但不管是否直接以「人」作為工作或服務對象，一定要**留一點時間給自己規劃工作目標**，這個目標有時候並不是只for公司、老闆，或者是主管，更多時候是for自己！

一般來說，公司往往會設定一個目標或多項目標，希望全體員工共同打拼，一同實現目標，讓企業體質越來越好。公司是如此，我們經營自己的工作或事業也是相同的道理。

當我們從email 收件匣開始工作時，為的是什麼？這個問題我們必須先自己思考過，再決定唐納德・倫斯斐說得那句話適不適合放在我們身上。

收件匣就像一個大雜燴，裡頭有越快回覆、對我們越有利的信件，也有其實沒必要立即回覆的信件。

重點是當我們工作時，「分類方式」往往會決定最後的
「工作績效」。

只是當我們面對辦公桌上或工作進度表裡，堆積如山又
琳瑯滿目的工作項目時，我們已經知道怎麼做才是最佳事半
功倍的分類了嗎？

 時間微整形

飛行員手中最重要的飛行地圖，可以告訴他們怎麼飛行才
最有利，那張飛行地圖其實就是我們手中的「工作分類
表」。

所有事情全部列出，
按急、緩、重、輕分類

「重」類型的工作：是四種工作類型中老闆盯最緊的工作，往往還跟每年的工作績效連結在一起，面對這類型工作時，請小心謹慎應對。

在Jennifer的工作列表當中，主要分類以信件、簡報……等等作為分類，通常Jennifer會在一大早打開信箱，慎重回覆所有重要信件後，隨手把並不十分重要、但可以很快解決掉的那類信件，也一併快速處理完成。

通常重要信件會花掉她比較多的時間跟精力，而能以制式方式迅速回覆的信件，往往能在極短的時間之內，大量處理完畢。每當這時候，Jennifer看著自己以暴走方式飛快完成工作，往往會被心裡頭湧起的成就感一寸一寸漫漫淹沒。

　　如果Jennifer把email 收件匣工作就此停在這裡，將是
非常不錯的處理方式，但問題是－－Jennifer往往很難就此
善罷甘休。

　　已經殺紅了眼的Jennifer，看看email 收件匣，快速在
心裡盤算了一下，發現既然信件已經處理完三分之二，那就
一口氣把剩下的三分之一乾淨俐落地完成吧！很不幸的，每
當Jennifer這樣想時，就是工作進度被拖住的時候。

　　剩下的三分之一信件，通常會被歸類為緩而輕的工作，
這類工作上午做跟下午做其實差別不大，最重要的是這類工
作主管很少會來催促。

　　Jennifer常常會發生一種狀況，每當她正翻天覆地處理
這些工作時，主管會突然要求看隔天要用而Jennifer只完成
到一半的簡報。

　　如果Jennifer處理完三分之二email 收件匣時，就先放
下匣子裡的工作，轉頭把簡報完成，就能趕上主管「其實也
沒那麼臨時要」的簡報，畢竟這是明天就要用的東西，今天
主管想先過目一下並不為過。

如果不先處理這類型工作，會發生什麼事？

「輕」類型的工作：這類型工作不重要也沒有時間上的迫切性，基本上不先處理沒人會說話，只要不要拖得太久，其實可以輕鬆過關的工作類型。

「重」類型的工作：主管或老闆希望我們把工作重心放在這一塊，是四種工作類型中老闆盯最緊的工作，往往還跟每年的工作績效連結在一起，面對這類型工作時，請小心謹慎應對。

「緩」類型的工作：今天不做，不會造成任何變化，明天不做，也不會造成任何變化，只有「永遠不做這件事」才會出事。最好處理方式：利用工作與工作間的空檔，每天做一點。

「急」類型的工作：在時間與工作雙重壓力下，主管很可能會突然衝出辦公室，直接把人叫進去——或者更糟，對著整間辦公室現場化身為綠巨人浩克，突然搥胸怒吼。

時間微整形

每天花十分鐘做好「工作分類」，可以幫我們更加精準掌控時間！

老闆最歡迎的「分類工程」

mail信件匣中的處理順序：

工作順序No1：「急」！工作順序No2：「重」。工作順序
No3：「輕」。工作順序No4：「緩」。

mail收件匣裡，其實也有「輕、重、緩、急」之分！

Jennifer常感覺工作起來的順序很混亂，主要原因
在於：在一堆沒有分類的工作項目裡，沒有把工作依照
「輕、重、緩、急」貼上標籤，只是選定某一種檔案類型的
工作後，便埋頭苦幹起來。

在email 收件匣的世界裡，其實也有「輕、重、緩、
急」之分，先把「急、重」的事情處理完後，就應該跳出收
件匣，開始處理其他「急、重」級的工作項目，等到這兩類
工作都做完後，再回過頭處理「輕」類型的工作，最後才是
「緩」類型的工作。

分類工作最好的辦法，不是分成mail收件匣、企劃提案、每周簡報、活動檢討報告……等等；而是應該把所有工作攤開來看，從mail收件匣、企劃提案、每周簡報、活動檢討報告中，率先挑出所有「急」和「重」的工作，優先處理完成，再回頭處理「輕」與「緩」的工作。

　　如果分類方式為「mail收件匣、企劃提案、每周簡報、活動檢討報告」，可能導致當我們專心處理所有的企劃提案，並優先處理完「急」和「重」的企劃提案，正要處理「輕」的企劃提案時，客戶突然打電話來破口大罵，質問已經寄過來半天的報價單，為什麼遲遲沒有確認？而確認動作只需要花費不到15分鐘時間，就能完成一個重要工作。

　　老闆要的往往不是一口氣把所有企劃提案寫完，而是最緊急、最能立即產生效益的事，我們優先處理了沒？

　　mail收件匣裡「輕、重、緩、急」四類型工作，該怎麼分類？

　　「輕」類型的工作：這類工作對工作績效造成的影響通常不大，時間上也沒有迫切性，可是處理起來需要花點時間跟精力。工作順序No3。

　　「重」類型的工作：這類工作非常重要，可能會影響最近一星期、一個月或這一季的工作績效，時間上有一定程度

的迫切性，雖然要花很多時間跟精力去做，卻是不能暫緩的工作。工作順序No2。

「緩」類型的工作：「緩」類型的工作，在時間上跟「輕」類型工作一樣，都是相對而言時間迫切性比較低的工作，可是又需要耗費比較多的精力來完成，所以可以排在所有工作之後。工作順序No4。

「急」類型的工作：時間迫切性最強，或者根本就是誰先搶到最佳時間點，誰就能站穩腳步，再加上這類工作如果所需要付出的精力比較少，請一定要以「搶頭香」的積極態度率先一口氣完成。工作順序No1。

統整以上結論，信件匣中的處理順序：工作順序No1：「急」！工作順序No2：「重」。工作順序No3：「輕」。工作順序No4：「緩」。

時間微整形

當我們一頭埋進成堆的工作當中，就像陷入無可自拔的沼澤裡，「滅頂式」的工作，常常會讓我們忙到後來有種空虛跟瞎忙一氣的感覺。其實我們只需要在開始工作前，先靜下心來，縱觀所有需要完成的工作，再依照「輕、重、緩、急」四大類，分好類，接著只需要按部就班──完成，往往能如期完成！

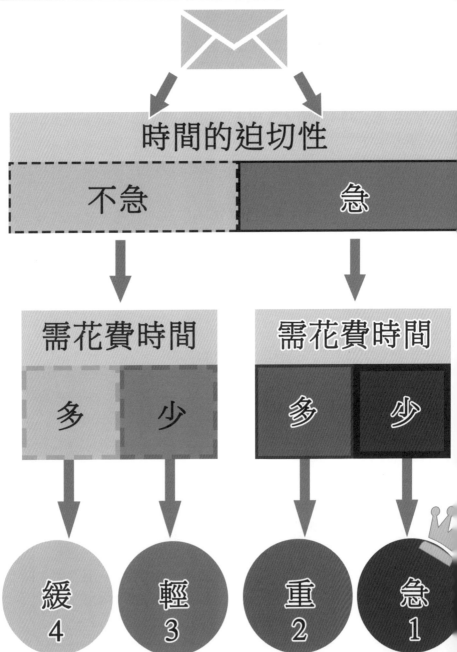

「超有效金、木、水、火
、土」分類法

> 有些工作必須長時間往返醞釀，並不是丟入越多柴火，這把
> 火就能燒得越旺亮，感覺就像樹木生長，需要時間跟養分慢
> 慢長成，不是趕著收割就可以。

　　上一篇文章我們聊完工作要分成「輕、重、緩、急」，
來幫助我們不至於被埋進一大堆工作裡而迷失方向，除此之
外，其實還有另外一種分類方式也相當好用。

　　建議可以和「輕、重、緩、急」標籤法交叉使用，對
我們在時間上的掌控與運用助益頗多。「超有效金、木、
水、火、土」分類法：

第一類金法：工作ing區。
被放在金法裡頭的工作類型，主要特徵有兩個，第一，

能帶來閃亮亮工作績效的項目；第二，目前手中正進行得如火如荼的工作。這類工作最佳應對方式有三種——積極、積極、再積極！

第二類木法：反覆察看區。

有些工作必須長時間往返醞釀，並不是丟入越多柴火，這把火就能燒得越旺亮，感覺就像樹木生長，需要時間跟養分慢慢長成，不是趕著收割就可以。

建議可以設定在某些時間點，多次過來處理這類工作，例如：有時候在完成一件「工作ing區」裡的工作後，撥出點時間，跳過來看一下、再往前推動一下，讓事情多點時間發想跟醞釀，以求獲得最棒的結果。這類工作最佳應對方式有三種——推一下、等一下、再推一下！

第三類水法：流動互助區。

有些工作就像水的流動一樣，需要在自己手頭上完成到一定程度後，往外推出去，讓其他人接手工作，等這項工作在許多人手中逛完一圈後，差不多也接近完成。

想要有效處理這類工作，首先要知道誰來做哪一部分工作最能事半功倍，把手中工作交給助理、工讀生去做，不僅可以節省自己的時間，也可以為公司帶來人盡其才的效果。

這類工作最佳應對方式有三種－－鎖定最佳人選、像水一樣將工作自然分配流動出去、最後做出最棒的統整！

第四類火法：緊急聯絡區。

有些工作的成效在於——誰先敲定，誰的贏面就比較大。緊急聯絡區裡的工作項目，往往有很強的時效性，處理的方法就像火一樣，要在短時間之內投入最多的熱情。這類工作最佳應對方式有三種——火速、火速、再火速！

第五類土法：垃圾掩埋區。

有些工作以前不需要做，現在不需要做，未來也不需要做，屬於不做沒事、做了容易出事、多一事不如少一事的工作項目。面對此類工作時，請將這疊相關資料從底層抽出來，不用費事拍掉上頭的灰塵，直接丟入垃圾桶裡吧。

我們常常會將一些評估過、認為不值得執行的方案或資料，以一種「說不定哪天會用到」，但其實使用機率低於零的厚重資料，堆積在一大堆資料的最底層，形成一種奇妙的磐石景象。這類工作最佳應對方式有三種——找出無用的石頭、一腳踢開、不要再把它放進工作列表裡！

越重要、越小的事先完成

事情處理的先後順序，往往會影響到「事情完成順序」、
「能否如期完成」、「是否需要再花第二次功夫處理」，以
及「可否給人工作效率一流的印象」。

從事電信業加值服務工作的Jason，每天不但要面對電
信業者，還要面對每個加值服務的合作對象，另外還有老闆
跟主管交付的會議記錄報表、每週工作報表、手上所有業務
年度計劃表，以及每日工作報表。

每個星期五早上，老闆都會進辦公室一趟，把所有人招
集進會議室，開會時間從早上九點半到中午十二點。

每周五，常常是Jason最忙碌的一天，不僅有平常的業
務要處理，還要額外處理會議記錄、下週預定工作報表、因
老闆指示而必須修改的業務年度計劃表，以及每日工作報
表。

對別人來說，宛如小週末的星期五，卻是Jason一星期當中最難熬的一天。工作量如下。

順序	工作項目	工作內容	預估花多少時間處理	結果所花時間	是否達到目標	檢
1	開會	開會	2.5小時	2.5小時	是	
2	會議記錄	記錄開會內容	0.5小時	1小時	是	和同事開會時話，清多花了時間。
11	每週工作報表	計劃下周工作內容	0.5小時		是	
9	業務年度計劃	調整當年業務進度	0.5小時	0.5小時	是	
10	每日工作報表	記錄當天工作內容	0.5小時		是	
7	和中華××聯繫	確認6個服務訂閱人數	0.5小時		是	
3	確認星座報	與星座老師確認內容，並加以編輯、上架到網路上	0.5小時	1小時	是	
4	確認新服務	與補教界天后討論英文報服務	0.5小時	1小時	是	
6	程式測試	與程式部測試新服務	1小時	1小時	是	
5	行銷簡訊確認	與電信頁聯繫，確認新服務上架時行銷資源	0.5小時	0.5小時	是	
8	手作企劃案	企劃案發想與製作	2小時	1小時	是	

為什麼Jason會做出這樣的排列順序？

工作項目	工作內容	預估花多少時間處理	安排順序原因
開會	開會	2.5小時	老闆硬性規定的時間，無法更動。
會議記錄	記錄開會內容	0.5小時	老闆每次開完會都要看會議記錄，早晚都要寫，不如迅速完成上呈給老闆看，讓老闆留下工作效率一流的好印象。
確認星座報	與星座老師確認內容並加以編輯、上架到網路上	0.5小時	先前文章上架只到今天，一口氣再放上一星期的分量吧！優先處理原因：必須先與星座老師確認內容，可能需要等老師回覆，需要等待回覆且有迫切性的事情先做。
確認新服務	與補教界天后討論英文報服務	0.5小時	先確認彼此合作意願，接下來才能進行合約簽定，以及後續企劃等工作。
行銷簡訊確認	與電信頁聯繫，確認新服務上架時行銷資源	0.5小時	先跟對方確認，好寫入最後要寫的「業務年度計劃」，這也是有可能需要等待回覆的工作，所以先完成。
程式測試	與程式部測試新服務	1小時	在等待數個回覆的同時，與公司內部程式部門測試即將上架的新服務。
和中華××聯繫	確認6個服務訂閱人數	0.5小時	只是例行統計工作。
手作企劃案	企劃案發想與製作	2小時	下班前的最後衝刺時間，一邊等電話，一邊撰寫重要企劃內容。
業務年度計劃	調整當年業務進度	0.5小時	電話一一回覆完成，可以把許多新數據填入年度計劃中。
每日工作報表	記錄當天工作內容	0.5小時	把今天已完成的工作寫入報表。

在Jason這張「工作項目計劃表」中，我們可以看出一件事，如果他先把手作企劃案完成，到快下班前才開始打電話連絡，很可能會因為「對方尚未回覆」而無法完成下面的工作。

最糟的情況就是對方很晚才回傳訊息，或者乾脆下星期一才回覆，等到下周星期一，別人都已經開始處理新工作時，Jason還要花第二次工夫把某些檔案點開，填入遲來的回覆。

事情處理的先後順序，往往會影響到「事情完成順序」、「能否如期完成」、「是否需要再花第二次功夫處理」，以及「可否給人工作效率一流的印象」。

時間微整形

每一位擅用時間高手，都會有自己一套「什麼先做，對自己最有利」的準則，只要依照「輕、重、緩、急」分類，再搭配自己手邊工作的特殊屬性，來安排工作順序，只需要花短短半小時時間，就能為自己的工作效率、工作完成度，帶來超乎想像的助益！

以「大量時間」換取「金錢」，
是個好方法？

如果時間真正的價值，只是那句time is money，

會不會覺得人生還真無聊又無奈？

　　振國是個業務員，平常需要面對大量客戶之外，還需要
承受來自上級的壓力、同事之間的競爭力，除此之外，也有
許多行政手續、資料準備、企劃案撰寫的工作等著他。

　　雖然人人一天只有24小時可用，他仗著自己還年輕，
「一天當兩天用」不是一句口號，而是他生活的寫照。

　　別人一天工作9小時以上就深感痛苦，他卻一天工作超
過16小時，早上8點就出門，沒有超過半夜12點絕不可能回
家。

有時候騎車拜訪客戶，他一個不小心，還會在等紅燈時打瞌睡，身邊騎士看得膽顫心驚，他卻渾然無所覺；因為全心全意拼工作，三餐外食就算了，為了省錢，一天當中至少有一餐是泡麵。

　　這樣的生活過了幾年後，振國發現自己體力大不如前，雖然對工作依然充滿熱情，但精神不濟的樣子，實在很難獲得客戶青睞。漸漸的，他發現自己越是努力，工作成效越是下降。

　　直到身體出現警訊後，振國逼不得已才改變以「大量時間」換取「金錢」的工作策略，不得不學會放慢腳步。

　　振國首先調整自己的工作時間，從原本每天工作16小時縮減為8小時，飲食習慣也完全改變，不再吃外食跟泡麵，改為自己煮些簡單的蔬果菜餚，如果工作太過繁忙，就會在放假時間煮上一大鍋咖哩，讓自己平常只需要洗米煮飯，就可以享用到兼顧營養與美味的一餐。

　　原本振國以為這樣的工作方式，肯定會導致自己收入下降，沒想到一年後，當他統計年收入時，赫然發現年收入不但沒有減少，存款反而還大幅增加！更重要的是，不只金錢存款增加，連健康狀況也順利轉紅為綠。

當振國整個人的人生，都奉行「time is money」這條規則時，他不僅傷害了自己的身體、毀了生活品質，還把自己時時推向危險邊緣。

最糟的是，他口袋裡真正屬於自己的錢，並沒有因此快速增加，直到他把目光從金錢上移開，轉向自身時，反而擁有更多屬於自己的金錢。

現在，請讓我們接著往下看，看看振國如何辦到讓自己的生活跟工作品質一起雙漲！

⏰ 時間微整形

菲利普・斯坦霍普曾說：「了解時間的真正價值，搶走它、抓住它、享受每一分鐘。不要閒散、不要懶惰、不要拖延，絕不把今天能做的事留到明天。」

時間的真正價值，究竟是什麼？

如果時間真正的價值，只是那句time is money，會不會覺得人生還真無聊又無奈？

讓生活與工作品質，
一起「雙漲」！

「年輕時花健康賺錢，中年後花錢買健康」，

在賺錢與健康之間，並不是一個二選一的問題。

發生在振國身上的一切，究竟是怎麼產生改變的？一年後，握著手中存款簿的振國，愣愣看向裡頭是往年2倍以上的存款數字，心裡頭的困惑越來越大。

他不懂，自己明明砍掉一半的工作時數，為什麼「年收入」沒有減少，而且「年存款」還增加為兩倍之多！經過一番分析後，統整出以下幾點關鍵要素。

第一點，工時砍半，工作成效卻一樣：
先前超時工作，直接造成睡眠不足與氣色很差等缺點，

不僅在客戶面前失去體面，也在工作中小錯誤不斷，失去主
管與客戶對他的信心。

　　自從工時砍半後，睡眠飽足的振國不再犯小錯誤，面對
客戶時也精神很多，臉上的微笑變得更加真誠，客戶自然願
意相信他、與他多接觸，連主管也對他讚譽有加，令振國信
心大增，工作起來自然更加得心應手。

第二點，自己煮食，存下健康：

　　先前為工作方便，振國天天三餐都外食，吃進大量重
油重鹹的食物，毀了健康也瘦了荷包。自從健康亮起紅燈
後，他才毅然決定自己煮食，重新把寶貴的健康撿回來。

第三點，存下健康，也存下錢：

　　起初，煮時的最重要目標是為了健康，沒想到卻意外獲
得另一個大收穫──輕鬆存下錢。

　　直到這時振國才發現，外食花費掉較多的金錢，但可以
省下不少時間，相對而言，自己煮食所付出的金錢與時間成
本，比外食還要有利。

哪個有利	金錢	時間	健康
外食成本	★★★★	★	★
自煮成本	★	★★★	★★★★★

根據振國經驗，外食表面上花了錢，省了時間，看起來似乎很划算，但其實不然。因為外食所付出的金錢成本，需要花自己煮食2倍、3倍的時間去工作，才能賺回比較多的錢。換句話說，假設振國花錢買外食，省下一小時煮食的時間，卻多付出好幾個小時才能賺到這些錢。

　　相反的，如果振國花較少的錢，買食材回來自己煮，雖然要多花一小時煮食，卻不用花更多時間去賺這中間的價差。到底哪一種飲食方式對我們比較有利？相信大家都已經看出了端倪。

　　最重要的一點是：健康無價！

　　我們常聽到「年輕時花健康賺錢，中年後花錢買健康」，在賺錢與健康之間，並不是一個二選一的問題，當我們把生活品質放進來看，便能輕易發現提高生活品質，才能創造更高的工作效率，減低工作時數；接著，較少的工時又能提高生活品質，不斷一直良性循環下去。

時間微整形

工作與生活息息相關，兩者甚至常出現糾結的拉鋸戰，彷彿擁抱了工作，就會失去生活，或者擁抱了生活，就會失去工作。其實在工作與生活之間，並不是「你死或我亡」的關係，而是彼此加分的最佳人生戰友。

Chapter 4
被偷走的時間……

五大時間竊盜排行榜

我們真正「有意識」使用的時間卻不多。

　　每個人一天都有24小時的時間可以使用，但其實我們真正「有意識」使用的時間卻不多。身為大學講師的Clement，很想把文學巨作紅樓夢仔細看完一遍，但這句話她已經說了十年，到目前為止，除了不斷購買紅樓夢相關探討書籍之外，遲遲尚未真正從頭到尾好好看完紅樓夢。

　　Clement認真檢討這件事，於是開始製作時間版的記帳本，經過一個禮拜的記錄跟觀察，她發現自己離開學校後，除了備課之外，居然有大把、大把的時間在不知不覺中浪費掉了？

　　首先，下班回家後，為了好好放鬆一下，Clement習慣性會打開電視跟電腦，一邊隨意看著電視節目，一邊收發個人信件，順便把晚餐慢慢吃掉，如果中間手機有新訊息傳來，她也會搶在第一時間回覆。

　　通常當她關掉電視的時間，是在回家後4小時，關掉電腦的時間，往往更晚，有時候甚至會拖到睡前洗澡才關機，或者乾脆不關機，以「原因不明」的理由，讓電腦24小時待命。

　　最誇張的是某天，Clement提交論文的時間點迫在眉梢，她因為一時好奇，看了有名韓劇，結果慘案就此發生。明明撰寫論文時間緊迫，她竟還一口氣追完整整長達21小時的韓劇？！

　　根據身邊各種慘絕人寰、真人真事的實際案例，統整出以下最頂尖級的五名時間竊盜：

排行榜第一名：手機。
　　不論何時何地，只要拿出手機就能和全世界接上軌。手機最恐怖的一點不是消耗掉最多時間，而是它最會找縫鑽，所有零碎時間是手機的，就連已經把電視、電腦關掉的睡前時間，Clement還是會拿著手機拼命傳訊息。

　　手機擅長盜走——可利用的零碎時間、始終不足的睡眠時間、與身邊親朋好友相處的時間。

排行榜第二名：電腦。

電腦的「隨身性」雖然沒手機那麼強，但它是屬於「不鳴則已、一名驚人」類型，只要點開影音網頁或Clement感到有趣的網頁，被盜走的時間絕不是10分鐘、半小時、1小時之內能結束的。

特別是某些吸引人的社群網站，只要一登錄，沒有花上4、5個小時瀏覽閒逛，Clement的全副精神根本無法從中剝離出來，難怪Clement常大嘆「臉×誤國」。

電腦擅長盜走──可利用的整塊時間、應該拿來從事更有用的時間、兩天完整的星期六、日。

排行榜第三名：電視。

Clement熱愛戲劇，只要發現自己喜歡的戲劇，就會乖乖在播出時間坐上沙發觀看。通常戲劇演出時間約2小時左右，但Clement會在戲劇結束後，又開始隨意轉台，2小時的戲劇往往會演變為4~5小時的電視觀看時間。電腦擅長盜走──看完想看節目後的2~3小時、睡眠時間、本來應該和家人聊天交流的時間。

排行榜第四名：莫名其妙蹦出來的雜事。

水費單還沒繳、月底前要完成報稅、要購買朋友喬遷之喜的禮物……一堆雜事擱在心頭，總是讓人不自覺煩躁起來，甚至影響工作與休息的情緒。

雜事擅長盜走——任何突然想起雜事尚未處理完的時間，完全不需要具體媒介，堪稱最無孔不入的盜走技術。

排行榜第五名：負面情緒。

本來挽高衣袖，正想大刀闊斧完成手邊一件重要的工作，未料，腦袋突然遭受上回被老闆臭罵一頓的惡劣記憶入侵，或者是前兩天和戀人互相激烈爭吵的痛苦回憶，又開始讓胸口隱隱刺痛。

於是，充滿動力的雙手漸漸垂下，體內豐沛的積極性被負面情緒佔領，激昂的工作情緒消失無蹤，士氣一路往下直直落。

負面情緒擅長盜走——任何突然想起不愉快事件的時間，負面情緒不僅擅長盜走時間、拖垮積極的態度，最可怕的絕技是消滅好心情，令人無端沮喪起來。

時間微整形

為了有效杜絕在不知不覺中，被五大竊盜偷走時間，最重要的第一件事，也是最關鍵的一件事：意識到它們的存在。

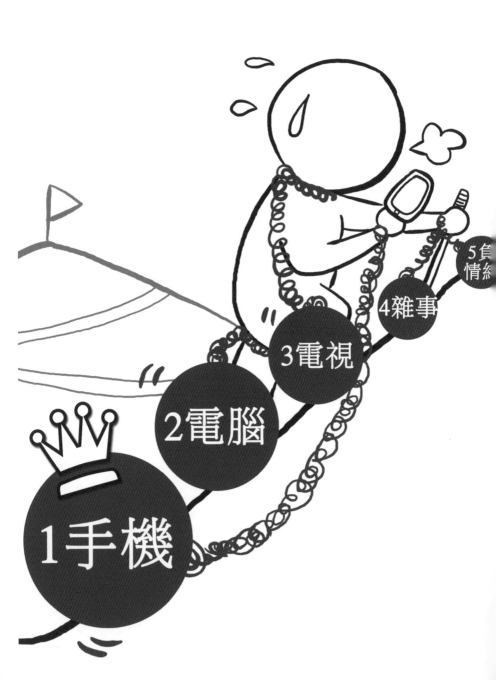

「無用型」花費時間

> 千萬別小看這些在腦子裡不斷打轉的「無用型」焦慮，它們
> 可是會大大吃掉我們的工作效率與效能，造成無法專注在手
> 邊工作的狀況。

　　除了五大時間竊盜，老跟在Clement身邊虎視眈眈之外，當她坐在辦公桌前時，有一件事也非常消耗時間，而且是「無用型」的浪費時間。

　　Clement常常需要將完成的工作，以MAIL的方式寄給教授與專業人士審核及確認，寄出信件後，Clement發現自己會不自覺、每隔五分鐘就點一次收信匣，看看是否已收到回覆。

　　不管手邊是否有重要、需要付出全副精神的工作正在處理，Clement寄出信件後，不斷回到收信頁面，高頻率點收信匣動作始終持續，導致這時候的工作效率時常掛零。

如果是處理雜事，可能事情還有點進展，但遇上需要投注相當專注力才能完成的工作，就會造成一整天無法靜下心來工作，最後演變成令人痛苦的工作延遲狀況。

其實，Clement這種飽受折磨的「等候回覆」時光，是可以輕鬆被解套的，而且使用這個解套方法，還能為自己贏得「做事謹慎」的額外加分。這個方就是：**在寄出重要信件後，致電確認。**

只需要一通電話的時間，有時候甚至只需要不到30秒鐘時間，就可以止住一整天盤旋在腦子裡「不曉得對方收到信件了沒」、「是不是要再寄封信件好好確認」的各種「無用型」焦慮。

千萬別小看這些在腦子裡不斷打轉的「無用型」焦慮，它們可是會大大吃掉我們的工作效率與效能，造成無法專注在手邊工作的狀況。

為了有效防堵工作進度掛零的狀況，Clement後來只要寄出重要信件，就會先到洗手間與茶水間一趟，等她回到座位上時，就會拿起話筒，打電話給收信人，積極確認：「您好，我是Clement，請問有收到我五分鐘前寄過去的文章嗎？」

避免為同一件事，
多付出另一次時間

> 想要避免「重複」「無效」處理同一件事的方法，其實很簡
> 單：第一點，當下立刻做出決策。第二點，在最短時間內付
> 諸行動。

到底要不要投資股票？現在轉換職場跑道，是最聰明的
選擇嗎？很想去自助旅行，可是不確定自己是否真的辦得
到？想參加詞曲創作比賽，上次列印出來的報名表不知道又
丟到哪去了？

相同的問題，總是一而再、再而三跳進我們生活裡，明
明上次好像已經想過這個問題，可是好像並沒有處理完，再
次遇到老問題時，一切又得重頭開始了解、搜尋，感覺自己
似乎一直在做白工。

把事情想過一遍，或者想到某一關卡就堵住，只要沒有採取「任何行動」，就不會往下個階段邁進，這次付出時間跟精力所進行的思考，幾乎不會對我們的生活造成影響。

　　更令人沮喪的是，當下次遇到類似問題時，我們又必須再花一次時間跟精神處理，直到我們真正做出兩件事後，才能跳脫不斷付出時間，卻沒有得到任何回饋的惡性循環。

　　想要避免「重複」「無效」處理同一件事的方法，其實很簡單：第一點，當下立刻做出決策。第二點，在最短時間內付諸行動。

　　當我們重複處理一件事情，背後往往代表：上次這個問題並沒有被處理完。當我們付出第二次、第三次時間處理同一件事，則代表：先前幾次付出的時間都被浪費掉了。

　　例如：小米想參加詞曲創作比賽，截止日期是9月底，他在5月就知道有這個比賽，並將參賽辦法與報名表列印出來，結果因為沒有馬上積極從事這件事，偶然6月想起時，上次列印出來的資料早就不翼而飛了。

　　於是小米又花一次功夫上網搜尋、列印，再此把比賽規則一一詳讀。緊接著，7月又發生一次相同的事情，8月又發生一次。

最後小米在比賽前夕又列印出來一份，開始從事詞曲創作的工作，並在最後一天寄出作品參賽。

其實小米只需要在5月得知這項比賽時，把相關內容粗略寫在記事本中9月的欄位裡，在真正打算開始創作的9月時，再把參賽辦法跟報名表列印出來即可，中間3次所花費的時間跟力氣，都是一種浪費。

當我們決定動手完成某件事情時，抱持著這次一定要好好完成的態度，往往能夠一次漂亮搞定這件事；如果抱持著先了解看看，沒有一定要這時候完成的決心，常常導致為同一件事付出2倍、3倍以上的時間來處理。

 **時間微整形**

如何避免為相同事件，多付出另一次的時間？最好的辦法之一是，在我們真正想徹底解決這件事情時，再來處理它。

避免為同一件事，付出多次時間

勝

總耗費心力：35　總耗費心力：2

花費
心力

20

15

10

5

1

將資料印出，並詳讀一次→

資料弄丟了，再印一次、再讀一次→

資料弄丟了，再印一次、再讀一次→

資料弄丟了，再印一次、再讀一次→

實際準備時間↑

不印資料，只將比賽日期寫入筆記本↑

不花時間和心力在比賽上

資料印出＋準備時間

五　六　七　八　九　五　六　七　八　九

反正不急……誰說的？

一個人，一輩子，有多少時間是「真正屬於我們自己的」？

Q：到底要不要投資股票、基金？

A：不急，等存夠100萬再來開始投資吧。

Q：現在轉換職場跑道，是最聰明的選擇嗎？

A：急什麼？先等看看有沒有人來挖角，那樣薪水才能翻個2倍、3倍，萬一轉壞掉，薪水越轉越薄怎麼辦？

Q：很想去自助旅行，可是不確定自己是否真的辦得到？

A：幹嘛急著要環遊世界？趁年輕有體力多賺一點，老年生活才有保障。

Q：想參加詞曲創作比賽，上次列印出來的報名表不知道又丟到哪去了？

A：沒關係，這件事又不急，明年參加也可以，我看這個比賽年年都有，慢慢準備，端出最好的作品去參賽比較實際。

這些事，真的——沒那麼急嗎？現在，我們再一起來看看另外一群人的回答吧。

Q：到底要不要投資股票、基金？
A：我從大學時代就邊打工邊「定期定額」投資基金，雖然每個月只有丟3000元進去，等我大學畢業時，已經累積了幾十萬的基金可以運用。

Q：現在轉換職場跑道，是最聰明的選擇嗎？
A：騎驢找馬才是王道，另外還趁下班時間兼職工作，多接觸主要工作以外的人事物，累積人脈跟經驗，並且每周撥出固定時間，學習感興趣的課程，不管是語言或手作包包都是眾多選項之一。

Q：很想去自助旅行，可是不確定自己是否真的辦得到？
A：不趁年輕多出去外面走走看看增廣見聞，難道要等到老了走不動，才開始遊歷世界各國？每天為了一份薪水庸庸碌碌過日子，忍受快要窒息的感覺還不夠，連出去旅遊的小願望也要被扼殺？

Q：想參加詞曲創作比賽，上次列印出來的報名表不知道又丟到哪去了？

　　A：這個比賽年年都有，去年我就是這樣告訴自己的，一拖再拖的結果，讓我錯過了去年的參賽機會。從今年起，我要以「每一年都要參賽」為目標，不管是更改舊作或重新創作，藉由參加比賽，逼自己每年至少創作出一首歌的旋律或歌詞。

　　人的一生，常常以100年為單位計算，但其實每人平均壽命約只有80歲左右，而且還男女有別。

　　在這約80年的歲月裡，掐頭去尾，扣掉躺在娃娃床裡或病床上的那些時間，真正能運用的時間其實不多，如果以20~60歲計算，約有40年的黃金歲月。40年扣掉三分之一的睡覺時間，再扣掉日常生活吃飯、洗澡、通勤這些時間，最後再扣掉工作時間……一個人，一輩子，有多少時間是真正屬於我們自己的？

　　我們——真的可以不用急嗎？

時間微整形

有時候「決定要不要做一件事」和「正在進行某件事」，所付出的時間與精力是一樣多的。

與其長時間困在兩個選項之間疲於奔命，不如趁早立下「做就對了」的決定，讓自己離開猶豫不決的起跑點，開始在選中的道路上奔跑起來。一個始終沒有向前衝的人，永遠都不會抵達自己想要的終點。

每天完成「一件小事」

> 在事情尚未擴大之前先行處理，往往可以比之後處理來得更加輕鬆。

　　每個人或多或少都有惰性，像是懶得整理發票、牙齒有點抽痛卻忍著不去看牙醫、該寫得感謝卡一年拖過一年。「惰性」會帶來「拖延」的壞毛病，而這個壞毛病帶給我們的影響，常常超乎想像。

　　在事情尚未擴大之前先行處理，往往可以比之後處理來得更加輕鬆，所要耗費的金錢、時間、精力成本都比較低，但就算如此，人類骨子裡根深蒂固的「惰性」，依然會讓我們一拖再拖，直到真的不能再拖的那一刻，才不情願面對事情，開始動手處理。

要如何對抗體內頑強的「惰性」，有以下幾個步驟可供參考。

步驟一：先找來一張紙。這張紙可以是空白大紙，也可以是筆記本上的第一頁，總之不能是會輕易丟掉的那種紙，而且寫完後，要能長時間多次翻看也不容易爛的紙質。

步驟二：把「所有想要做」、卻一直偷懶始終沒動手去做的事項，一一詳列出來。列表如下。

1. 看牙醫。

2. 下個月到上海出差前，一定要看完「上海慢慢玩」這本書，出完差，順便來場旅行。

3. 買份母親節禮物。

4. 報名法文學習課程。

5. 上網查要怎麼照顧家裡的迷迭香盆栽。

步驟三：規定自己每天一定要撥出半小時完成它，有時候只需一通電話的時間就可以完成，例如，打電話預約牙醫。

步驟四：把這份清單貼在牆上、釘在冰箱留言板，或者是會常常翻閱的筆記本裡，時常溫習自己還有哪些事該做、卻還沒做。

只要開了頭，事情接下來的發展就會快得多，只要順著早就被安排好的劇本去走就可以。像是拖了很久才去看的牙醫，原本是一塊心裡的大石頭，卻在經過兩次治療後，輕鬆完成懸宕在心裡多時的重擔。

　　當我們看著清單上越來越多的項目被劃掉，重擔一個個消失，心情也會跟著放鬆下來，隨即變得越來越好，接著對自己的自信心，也將跟著水漲船高，發現自己其實可以做得很好！

 **時間微整形**

> 　　修正一項習慣不容易，但若從一天一件小事開始做起，就會發現事情變得簡單許多。當我們一步一步慢慢完成拖延許久的瑣事後，惰性將會從生活中慢慢消失，等到惰性完全消失的那天，我們的生活一定會變得更積極、更美好！

一般連續工作，所花費的時間

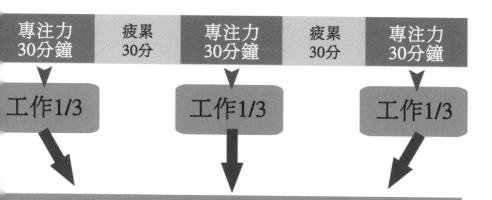

| 專注力 30分鐘 | 疲累 30分 | 專注力 30分鐘 | 疲累 30分 | 專注力 30分鐘 |

工作1/3　　　工作1/3　　　工作1/3

總花費時間：2小時又30分鐘！
而且中間毫無休息，疲累度較高！

專注力長度+休息，所花費的時間

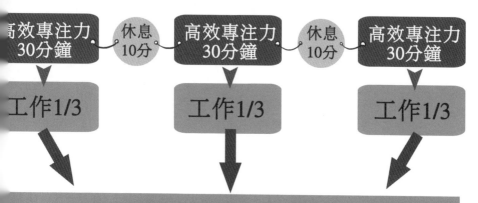

| 高效專注力 30分鐘 | 休息 10分 | 高效專注力 30分鐘 | 休息 10分 | 高效專注力 30分鐘 |

工作1/3　　　工作1/3　　　工作1/3

總花費時間：1小時又50分鐘！
中間有休息20分鐘，疲累度較低！

一次，只做一件工作

有時候一件一件事情慢慢處理，看起來不快，但其實效能最高。

工作的時候，有人喜歡開起N個檔案同時工作，也有人偏好一邊講電話一邊打字，或是一邊討論企劃案、一邊聯絡廠商。

但專家提醒，像這樣同時處理多項事務，表面上看起來似乎更有效率，但實際效能並不好。

例如，一邊討論企劃案一邊聯絡廠商，有時候思考企劃內容，需要高度的專注力與發想力，如果分心跟廠商聯絡，要如何進入深度思考呢？

　　結果可能導致企劃案內容平淡無奇，應該要和廠商馬上確認的事情，又被對方技巧性帶過，造成企劃案內容又要重想一次，連廠商那邊也要在花時間重新再連絡。等於花了2倍的時間，處理這兩件事。

　　如果我們思考企劃內容的時候專心思考，與同事或自己努力腦力激盪，力求做出最有創意的企劃，並在完成這件事後，才打電話給廠商，進行想要確認的事情。

　　這時候廠商想要推卸責任或逃避問題，我們一定會馬上知道，絕不會被對方輕易唬弄過去，只要當場確認下一步的進度完成度與日期，就不需要再額外多打一通電話確認。

　　有時候一件一件事情慢慢處理，看起來不快，但其實效能最高。有時候多件事情一次同時處理，看起來很快，但其實效能最低。同時處理多件事情並完成，常常頂多只是把事情做完，但專注處理一件事情並完成，常常能把事情做得更好！

　　能不能把事情做到最好，往往還跟另外一件事相關：注意力。這就像孩子們的注意力維持時間大多不長，所以課程設計50分鐘就要休息10分鐘。

在工作職場中，也是相同的道理。如果是專注力比較差的人，建議可以每工作半小時～1小時，就休息五分鐘，等休息完再繼續工作；表面上看起來總工作時數似乎比較少，但工作效能絕對比連續工作數個小時更好。

有三件事可以幫助我們提高專注力，避免一堆事情拖到最後一刻，卻沒有一件事真正漂亮完成。

第一件事：找出我們「專注力」最多可以維持多久時間？

有的人頂多腦力激盪半小時，腦袋就宣告報銷；有人一旦從事起自己熱愛的工作，可以廢寢忘食，整整連續好幾個小時都是創作高峰時段。

專注力可以維持多久？這點因人而異，盡快把專注力維持時間長度找出來，就可以做出對自己最有利的工作時程安排，工作起來自然效果加倍！

第二件事：把工作切割成數個「短時間」能完成的段落。

有些工作需要一口氣完成，這時候如果我們強迫自己坐在電腦桌或工作臺上數個小時，很可能導致最後幾個小時只是呆坐在位置上而已，對工作進度幫助不大。

例如：朋友愛敏是個插畫家，通常她會把一張彩色畫分割成數個部分完成，像是：草稿圖、初次上色圖稿、正式上色圖稿、最後補強並完成畫稿。

每完成一個階段，愛敏就會強迫自己稍微休息一下，然後再進入下個階段，並且極力避免在一個階段裡，突然中斷工作情緒，因為愛敏知道一旦工作情緒被中斷，回頭再拾起畫作時，無法立即繼續往下工作，反而需要花費更多時間，先溶入上次停筆的地方。

第三件事：從事需要高度創造力與思考的工作時，一次只做一件事。

從事需要高度專注力的工作時，如果想要同時思考多項事情，很容易發生顧此失彼的窘境，或者更慘，到頭來沒有一件事想得夠透徹，導致最後必須全部翻盤重來一次，反而耗費更多時間精力。

時間微整形

一次只做一件工作，不僅能如期把事情做完，還能更進一步把事情通通做好！

只是想查個東西而已……

「查個東西」、「花個兩秒鐘看一下手機」，這兩件事本來並不需要花太多時間，但我們都忘記它們背後所帶來的「衍生性花費」。

　　生活中，我們常常出現需要上網查資料的情況，有時候可能只是突然想起某件事，有時候是手邊正在看的雜誌或書籍，出現新的特殊專有名詞。

　　如果這時候停下正在進行的事或閱讀，直接先上網查詢，那麼勢必會中斷原本正在進行的事，更糟的狀況是，還會開始在網路世界閒逛起來，一小時逛完後，順便檢查一下MAIL信箱、社群網站，傳幾條APP。

　　本來我們只是想查一個專有名詞，沒想到網路逛完一圈回來，已經是兩個鐘頭之後的事。預計今晚要看完的雜誌或書籍，因為逛太久網路，導致閱讀進度大幅落後。

　　除此之外，喜歡和朋友聊天的Tony，常常下班回家後，一有人在社群網站或手機找他，Tony幾乎都會馬上回覆，有時候甚至因此天南地北聊起來，常常回過神時，已經晚上12點多，而他卻什麼事都還沒有做，甚至包括最基本的梳洗工作。

　　「只是想查個東西而已……」、「只是好奇誰找我，打算花個兩秒鐘看一下手機」，結果下班後屬於自己寶貴的時間，就這樣通通消失不見？！

　　我們常常低估一件小事背後，可能帶來的影響力！

　　當心頭冒出「這個東西好像不貴，才299元而已」，通常這時候代表我們快要浪費更多的金錢；當心頭冒出「這個好像不會花很多時間，先處理一下好了」，通常這時候代表我們即將浪費更多的時間。

　　「查個東西」、「花個兩秒鐘看一下手機」，這兩件事本來並不需要花太多時間，**但我們都忘記它們背後所帶來的「衍生性花費」。**

就像買手機一樣，一台1萬塊的手機，如果使用兩年，它背後所代表的總花費，絕對不只有一萬塊，因為我們不可能只買手機，卻不打電話、不用手機上網。

於是總花費如下：假設手機月租費1,000元。1,000元×24個月＝24,000元。

事實上，買這台手機，再加上使用兩年，全部總花費大約兩年3萬4千塊；等於買下一台1萬塊的手機，當年又得再花上1萬塊的手機使用費，第二年又是另外一筆手機使用費。

時間上的花費也是相同道理。

當我們認為「只是好奇誰找我，打算花個兩秒鐘看一下手機」，除非是非常不重要的事，或是很不得人疼的朋友傳訊來，否則我們一定會忍不住馬上回訊息。

接著，雙方一來一往開始聊起來。這時候如果又有人傳訊息過來，抱持著「反正回他一下也不花多少時間」，一大堆對話就這樣積極忙碌起來。

往往等我們回過神時，時間早已經消逝掉一大半，原本「花個兩秒鐘看一下手機」，最後演變成彷彿穿越時空、直接來到2小時後的現實世界。

　　請不要忽略任何「衍生性」時間支出或金錢支出，有時候真正花時間、花錢的，不是眼前這一筆看得到的時間或金錢，而是它背後即將帶來的「衍生性」花費。

**時間微整形**

「突然想到就去做」，這句話聽起來很積極，但往往帶來的結果，卻是在「無感的狀態」下浪費掉一大塊「可以好好運用的時間」！

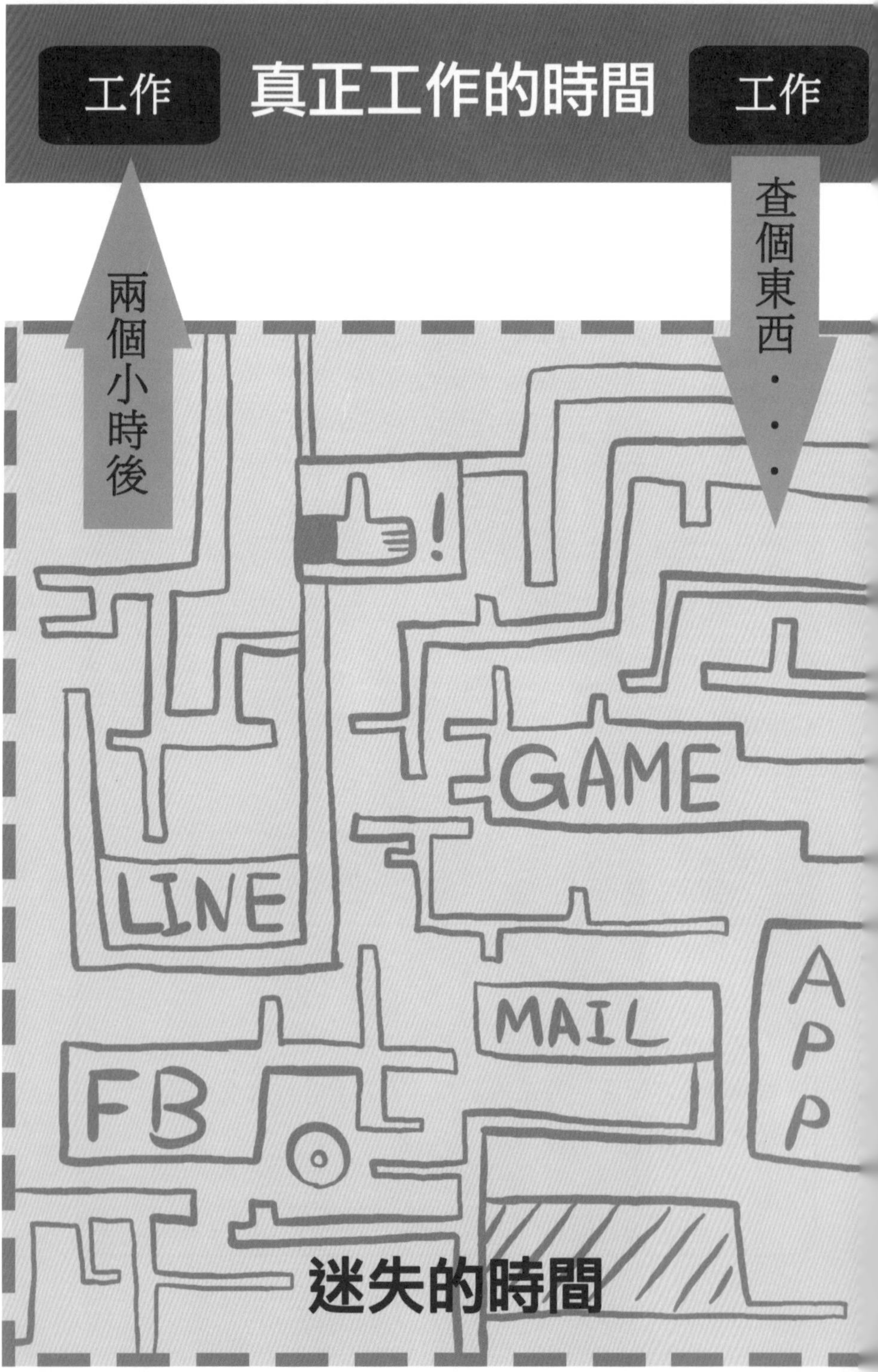
工作
真正工作的時間
工作
查個東西・・・
兩個小時後
LINE
GAME
MAIL
APP
FB
迷失的時間

好習慣「滾出更多」好習慣

一個「提早一小時出門上班」的好習慣，為Jessie帶來天天從容吃早餐、每天提前開始工作、始終保持身心輕爽的工作情緒……等等好習慣。

能善用時間與無法善用時間，造成兩者差異的最大關鍵在於：習慣。

擁有錢，只要管理得當，就可以錢滾錢，錢生錢，一塊錢帶來一塊錢、兩塊錢、四塊錢。

好習慣，其實也是如此。一個好習慣，可以幫助我們滾出更多的好習慣，就像滾雪球效應，雪球會越滾越大，錢會越滾越多，好習慣更是如此！

Jessie是個事業有成的女強人，**她常說自己人生事業的關鍵轉折點之一，不是來自運氣，也不是來自上司的提拔，而是一個習慣的改變。**

　　大學剛畢業進入職場，Jessie很難適應每天必須早早起床、準時打卡上班的上班族生活，在工作前三年，她從來沒有拿過全勤獎金，因為常遲到，主管還曾經因此把她叫進辦公室狠狠臭罵一頓。

　　不過，主管的臭罵並沒有讓Jessie即時醒悟，相反的，她開始覺得上班族生活真的很不適合自己，每天聽到鬧鐘響起，她就頭痛。直到有天，Jessie整夜失眠，煎魚煎半天始終睡不著，索性她乾脆早早起床梳洗，並提早一小時出門上班。

　　那時候她還不知道，這夜的失眠將帶她進入人生另一個階段，那是一個她從來不敢奢想的美好人生。

　　因為提早一小時出門，Jessie避開擁擠的人潮，輕盈搭乘大眾交通工具，一身清爽抵達公司；換作平常當她踏進公司時，往往已經精疲力盡，宛如在人聲鼎沸的車陣中打了一場戰爭。

　　這天，Jessie精神抖擻，不用慌慌張張跌進辦公室，滿臉驚恐打下上班卡，而是從容敲下上班卡，甚至還放鬆享受

完早餐，好心情打開電腦，開始埋頭工作起來。當同事們陸陸續續抵達公司時，Jessie已經處理完幾乎一半的工作，當她意識到這件事時，才赫然驚覺空無一人的寧靜辦公室，對工作效率而言有多麼重要。

更重要的是，接下來的工作時間，她可以更加從容、更無壓力的方式，一項、一項慢慢完成。

從那天起，Jessie再也沒有遲到過，還天天提早一小時出門上班，這習慣一直持續到她升組長、區經理、經理。

提早一小時出門上班的好處，不但可以省下遲到的風險、節省坐交通工具上時間、比大部分同事更早到公司，還能利用無人的寧靜辦公室，高效處理完大部分工作。

一個「提早一小時出門上班」的好習慣，為Jessie帶來天天從容吃早餐、每天提前開始工作、始終保持身心輕爽的工作情緒……等等好習慣。

時間微整形

> 不要小看微不足道的小習慣，所有小習慣累積起來，將會引領我們走向更順遂、更美好的燦爛人生！

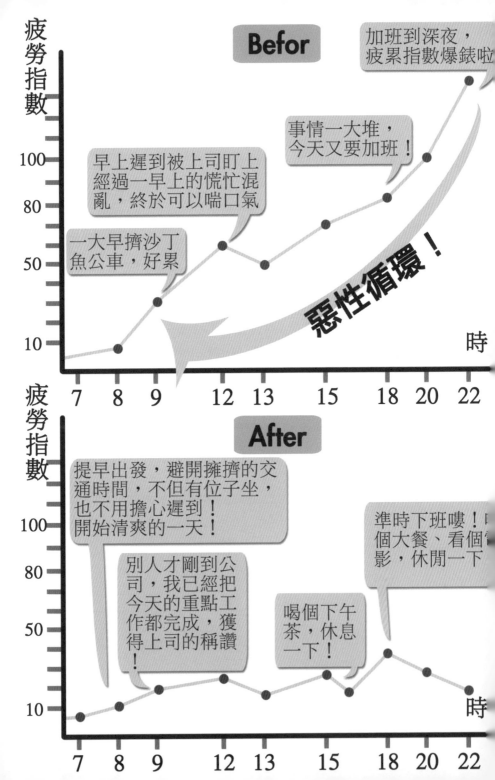

Chapter 5

一天沒有
24小時可以用

一天工作時間，
只有4.5個小時？

「查個東西」、「花個兩秒鐘看一下手機」，這兩件事本來並不需要花太多時間，但我們都忘記它們背後所帶來的「衍生性花費」。

　　Iris是個電玩編劇家，在公司工作幾年熟練後，除非開會時被要求必須到公司之外，平常都在家工作。原本以為從上班族轉為在家工作、省下交通時間後，會有更多時間可以運用在工作上，後來才發現事情並非如自己想像中完美。

　　自從可以在家工作，Iris才第一次正式面臨到何謂「光陰似箭的可怕」。以下是Iris在家工作半年後的生活，原本是個每天通勤的上班族時，還有可貴的星期六、日可以放心大膽地休息。

可是，自Iris從上班族轉為在家工作後，她發現自己似乎變得忙碌，最後連寶貴的星期六、日也慢慢變成永無止盡的地獄工作日……

慘案發生的開端：

Iris為了歡慶自己從上班族轉為在家工作，徹底執行了整整一個禮拜的「睡到自然醒」福利，當「抽象的夢想」變成「實質的福利」時，Iris真心覺得這就是天堂！

只是天堂跟地獄似乎住的很近，前一刻還是天堂般的生活，後來居然慢慢演變為水深火熱的地獄試煉。

Iris大享「睡到自然醒」福利一個禮拜後，這個福利很快定型為一種習慣，正當Iris大嘆由儉入奢易時，殊不知更多的苦日子還在後頭呐。

天天睡到自然醒的Iris，每天大約十點多起床，稍微玩一下貓、吃點簡單的早餐後，時間已經悄悄來到十二點多。

接著，Iris會先看點專業書籍，再稍微整理一下桌面，然後才開始工作，這時候往往已經是下午一點半。工作到下午三點左右，Iris便會起身煮飯，悠哉悠哉邊看影集邊吃飯，等Iris再次回到電腦前時，通常已經下午五點半左右。

Iris一路工作到家人回家，大家一起吃晚餐、一起看電視，這段時間大約是晚上八點半左右。在一天的最終尾聲，Iris跟家人一樣，十點多梳洗，十一點多上床，再看一會兒書，大約兩點左右關燈睡覺。

　　日復一日過去，Iris的工作進度慢慢落後，最一開始是睡前閱讀時間沒有了，變成晚上加班時間，最後居然連假日都要工作。事情發展到一個多月後，在家工作對Iris來說，已經變成一場恐怖的夢魘。

　　在一次聚會裡，Iris宛如游魂般飄進餐廳，雙眼凹陷，一副疲累不堪的跟大家聊著天，才剛吃完飯，尚未端上Iris最愛的甜點前，Iris居然說她要先走一步？

　　在眾人以為Iris交了男朋友、半開玩笑的逼問下，Iris才頹喪著雙肩，把近日來從天堂掉落地獄的過程，仔細說了一番。

　　經過眾人拼命點頭的理解跟討論後，終於把從天堂掉落地獄的關鍵點一把揪出來，現在讓我們一起回頭看看這場慘劇的問題點，到底出在哪裡？

　　問題就出在──Iris在家工作時的時間表：

時間	工作內容
10:00	起床吃早餐囉
12:00	看點專業書籍＋整理桌面
13:30	開始工作！1.5小時
15:00	起身煮飯＋享用餐點
17:30	再次開工！3小時
20:30	享受甜美的家庭時光
22:00	準備梳洗＋護膚
23:00	睡前閱讀不可少
02:00	跌入沉沉的夢鄉

由此表我們可以發現，少了通勤時間的Iris，每天工作時間非但沒有增加，反而縮減到居然只剩下4.5個小時？！

**時間微整形**

只要稍稍鬆懈，時間流動的速度將會讓人有種措手不及的震撼感！

「身體狀況」拖慢效率

> 直到有天，Iris大刀闊斧把生活作息重新調過，並放入半小時運動時間，讓自己身體狀態保持在最佳狀態，才從如泥沼般的地獄裡重新脫胎換骨。

　　Iris的慘況，不只有每天工作時數減少，另外還包括：精神壓力變更大、生活作息越來越不正常、能真正放鬆的假日徹底消失，最慘的是——身體健康狀況每況愈下，所有情況就像滾雪球效應，事情逐漸演發成不可收拾的地步！

　　發現工作時間縮減成只有4.5個小時，根本無法應付原本的工作量，面對越堆越多的工作，Iris決定要力圖振作，把先前拖欠的工作一口氣迅速完成，於是生活作息時間表改變如下。

時間	工作內容
10:00	起床吃早餐囉
12:00	看點專業書籍＋整理桌面
13:30	開始工作！1.5小時
15:00	起身煮飯＋享用餐點
17:30	再次開工！4.5小時
22:00	準備梳洗＋護膚
23:00	最後一次開工！3小時
02:00	跌入沉沉的夢鄉

　　Iris率先砍掉兩段時間，分別是「享受甜美的家庭時光」1.5小時，與「睡前閱讀不可少」3小時，總共擠出4.5小時成為工作時間。

　　犧牲掉親情與自我充實時間後，Iris每天工作時間從不足夠的4.5個小時，大幅度增加為9小時。如此一來，應該可以應付平常的工作量了吧？但實際情況並非如此。

　　每天工作9小時的Iris，在調整過時間表兩個多禮拜後驚恐發現，雖然工作時間增加了，但應該完成的工作量，完全沒有達到預期的效果！

再經過一個禮拜的自我觀察，Iris赫然發現——雖犧牲了家庭相處時光，將工作時間增長為4.5小時，表面上看起來工作進度應該可以因此大躍進，但連續工作4.5小時需要長時間的專注力，Iris專注力集中的極限，其實只有3小時左右。

於是乎，在超過3小時後的1.5小時裡，Iris人雖坐在電腦中前，但工作效率卻沒有前3小時的三分之一！更悲慘的還在後頭。

忍痛刪除的「睡前閱讀不可少」3小時，是Iris企圖用一天當中最後醒著的3小時，加快腳步完成每天工作進度。可惜事與願違，睡前三小時往往是Iris陷入昏昏欲睡狀態的時間，這段時間拿來看書還能輕鬆應對，但拿來工作就顯得有些力不從心。

最後，Iris悲慘地發現，儘管犧牲了生活品質，增加工作時數，但因為身體狀況無法配合，每天完成的工作量，依然只有以前的三分之二，所以她還是得過著沒有六日休假的人生。

直到有天，Iris大刀闊斧把生活作息重新調過，並放入半小時運動時間，讓自己身體狀態保持在最佳狀態，才從如泥沼般的地獄裡重新脫胎換骨。

以下是Iris經過一番寒徹骨後的生活作息時間表。

時間	工作內容
10:00	起床吃早餐囉！邊吃早餐邊看點專業書籍
11:00	開始工作！3小時
14:00	起身煮飯＋享用餐點
16:30	再次開工！3小時
19:30	享受甜美的家庭時光＋運動半小時
21:00	再次開工！2小時
23:00	準備梳洗＋護膚
24:00	睡前閱讀不可少
02:00	跌入沉沉的夢鄉

經過調整後，Iris的生活品質迅速提高不少！

第一，Iris再也不用犧牲「享受甜美的家庭時光」；

第二，「睡前閱讀不可少」也重新撿回來，雖然時間從原本的3小時縮短為2小時，但每日的閱讀量還是夠的；

第三，與家人閒聊的時光，被更加妥善利用時間，不僅一起聊天看電視，還不忘順便運動個半小時再去洗澡。

最重要的是，Iris每次的工作時間，都控制在「效率不錯」的3小時之內，而且巧妙避開睡前那段時間。

雖然現在的工作總時數是8小時，卻能按時完成所有預定工作，並且再次擁抱能夠好好放鬆的六、日休假日。

 時間微整形

找出最適合自己的「生活作息時間表」，不僅可以確保生活品質、掌握生命各各重要的層面、享受安排時間的自由之外，也可以充分依照自己的工作效率，做出最適當的調整。

例如：Iris正是因為發現自己最佳工作時數只有3小時，後來便依照這項特性，為自己製做出一份「最適合自己作息的時間表」，不僅大大提升工作效率，還輕鬆拿回生活的主控權！

「創造時間」三大小技巧

> 想要讓時間過得慢一點，感覺有多點時間可以運用，不需要
> 奇蹟，其實我們就能辦得到。

　　每天早上睜開雙眼，是否就有一種老被時間追著跑的
侷促感，不管是早上瀏覽新聞的時間、搭乘交通工具的時
間，或是真正工作的時間，心裡都忍不住發出「要是時間過
慢一點就好了」的感慨，如此一來，我們就能從容優雅過著
每一天。

　　想要讓時間過得慢一點，感覺有多點時間可以運用，不
需要奇蹟，其實我們就能辦得到。

以下是三種「創造時間感」的小技巧：

「創造時間感」小技巧一：將手錶撥快五分鐘。這是很多人都知道的小技巧。

別小看這短短的五分鐘，在上班快要遲到的時候，會發現被自己創造出來的這五分鐘，往往成為決定當月能不能領到全勤獎的重要關鍵。

要讓這個方法有效的絕竅——把時間調快五分鐘後，請把這件事給忘了，從此只按照錶面的時間過生活，接下來不管是與主管開會、和朋友相約，還是趕赴重要餐敘，都能比別人早一點抵達，不僅舉止變得更從容，還能給別人留下好印象。

「創造時間感」小技巧二：午餐不要吃得過飽。

午餐不要吃得過飽和創造時間感之間，有什麼關係？這兩者之間的關係，影響可大了。

在西方國家，許多人午餐大多吃得很隨便，有時候啃根法國麵包或吃份三明治就算完，等到晚餐時間，再和三五好友同桌吃飯，這頓晚餐往往可以花個兩小時以上的時間好號享用。

　　重視生活品質的他們，為什麼不願意在午餐上多花點時間？答案就在於，怕影響下午的工作，等到結束一整天的工作後，再和朋友慢條斯理享受一頓豐盛的晚餐。

　　相信大家都有過那種經驗，不管是以前在學校或者是在工作場合裡，只要當天午餐吃得過飽，下午的工作效率就會變得較差，昏昏欲睡、注意力無法集中、腦袋總是一片混沌都是家常便飯。

　　西方人喜歡午餐吃得隨便一點，並不是想要苛待自己，而是想要保存下午的工作效率，確保晚上能有一頓悠閒又充滿笑聲的晚餐。

　　「創造時間感」小技巧三：擬定「時間分配」計劃表。什麼時候，該做什麼事？

　　有時候我們並不如自己想像中清楚，特別是當手邊工作暫告一段落，常會出現發愣空檔，不知道接下來該做些什麼才對。

　　展開一天的工作之前，如果可以先撥出五分鐘，整理今天要做的事項有哪些，將可以避免每做完一件事，又得重頭流覽一次所有需要完成的工作，接著挑出下一件應該完成的項目，然後才能再次投入工作裡。

如果一天共有十件工作需要完成，每完成一件工作後，就必須重新評估接下來的工作項目，那麼「挑出下一件需要完成的工作項目」這件事，就會被重複執行超過五次以上。

　　「一直重複某個動作」背後，代表一件事：浪費時間。

時間微整形

　　善用各種小技巧，幫自己創造出更多時間感，可以在步調飛快的生活中，多為自己保留一份從容與優雅感。

沒有「期限」，就會遙遙無期

> 如果我們忘了給事情壓個「最後期限」，人們體內的怠惰會導致事情一年拖過一年，最後形成「沒有期限，就遙遙無期」。

老闆交代，每次公司招聘新進員工時，除了人事部先做好初步篩選後，所有進入公司參與面試者，都必須有一位經理級以上的高階主管陪同面試。

如果招聘該部門經理出差或不方便出席，由其他部門經理代理亦可，像是行銷部經理或採購部經理。

老闆做出指示後，這件事便發落由人事部把後續相關章程製訂出來。一個月過去、兩個月過去、三個月過去……眼

看今年就快要招聘新進員工，正式章程卻遲遲沒有送到老闆桌上，於是，老闆開口把相關人員找來面前問一問。

一問之下，老闆才驚愕發覺，眼見就要招聘新員工進公司，這件事居然還卡在人事部那裡。問清之後，老闆才發現，人事部認為每次面試都要有行銷部經理或採購部經理陪同面試，實在不太可能，畢竟主管們平常手中事務已經夠忙，還得抽出大量時間面試，實在有困難。

老闆一聽，大為震怒。他發現人事部不但沒聽懂他的意思、把整件事想偏、還沒人主動來找他求證，最令他不高興的是——自己當初交辦這件事時，忘了提醒屬下今年就要啟用新章程，也就是從今年開始，每年招聘中的面試這關，一定要有經理級以上主管陪同。

老闆這麼做的用意在於——在公司裡位階不同，背後往往也代表他們看事情的角度不一樣，招聘新進員工進公司是公司大事，如果有經理級以上主管坐鎮，老闆預期應該可以挑出更符合公司需要的人才。

沒想到這件事關公司千秋大業的事，不僅在人事部那裡卡住多個月遲遲沒有進展，還導致當年依然得用舊章程聘用新員工。

　　老闆震怒不是沒有道理，但是他更痛恨自己忘了壓個「最後期限」給底下員工。一個老闆掌管公司尚且如此，我們掌管生活也是相同的道理。

　　好想出國去歐洲玩，為自己開闊新視野。

　　是到了應該學習英文的時候，這麼做可以大大增加職場競爭力。

　　工作好幾年，身邊好不容易有點積蓄，應該要好好學習投資這件事。

　　每個月付房租好傷荷包，想要進入房市好好了解一下狀況，評估自己買房的可能性。

　　我們心中常常忍不住發出以上這些希盼，可能只有一種，也可能同時擁有好多個「想要變得更好」的念頭，這些想法都很棒，無非是想讓自己生活過得更好、不斷學習、不斷進步，就像老闆想要讓公司更好的道理是相同的。

　　但如果我們跟老闆一樣，忘了給事情壓個「最後期限」，人們體內的怠惰會導致事情一年拖過一年，最後形成「沒有期限，就遙遙無期」。

　　想要解決以上這些問題的方法，其實很簡單，針對每件事定出一個合理的「最後期限」就可以了。

例如：老闆明確下令新章程「今年就要使用」、「最慢兩年之內」一定要到歐洲旅行、「這個月」就去買英文雜誌回家學習、「月底前」買書開始研究哪種投資方式適合自己、「從今天起」留意房仲業並開始看房。

「今年就要使用」、「最慢兩年之內」、「這個月」、「月底前」、「從今天起」，這些時間限制，目的不是用來限制自己，而是來幫助我們對抗惰性，邁開雙腿，筆直奔向目標的最好依據。

現在，請練習將心中想要的目標一一列點，再標明希望完成的日期，最後把這份「標明了完成日期」的目標清單，放進天天隨身攜帶的記事本中，或者用手機拍照，時時拿出來審視自己做到了幾項。

只要一直持續「訂定新目標」與「用時間點確認」的動作，就可以發現原本停滯不前的事，開始有了前進的動力！

⏰ 時間微整形

當我們眼中看不見時間時，時間就會從指縫中偷偷溜走；當我們確實掌握住時間時，時間就會成為「實現目標」的最佳幫手！

午休時間利用4大招

除了吃跟睡以外，午休時間有沒有其他可能？如果沒有睡意，呆呆趴在桌面上任時間流逝，是不是有些可惜呢？

「午休時間」是連接上午和下午的重要時刻，運用得當可以讓我們下午經神飽滿、工作效率奇快，只是我們是否有好好正視這寶貴的一小時或一個半小時呢？

午休時間一到，飛快衝到外頭買份午餐，再衝回公司，一邊上網閒散地瀏覽網頁，一邊慢慢把飯吃完，有時候看得太過著迷，連午睡時間也在不知不覺中流逝掉；還有一種午休時間情況，中午休息音樂一響，火速衝到蒸飯箱拿出便當，花15分鐘吃完後，拿出燦爛花型桌枕，立刻趴到桌面上大睡特睡。

除了吃跟睡以外，午休時間有沒有其他可能？如果沒有睡意，呆呆趴在桌面上任時間流逝，是不是有些可惜呢？

如甄在一家外商公司上班，中午午休時間為一個半小時，通常從公司餐廳用完餐回到座位時，只花掉一個半小時中的半個小時，另外一個小時，如甄有時候會拿來午睡，更多時候她會拿來好好利用！

如甄常將多出來的一小時午休時間，做到真正「小時間大利用」，妙招如下：

小時間大利用妙招一：午睡。
如果前一晚加班，或和朋友聚會太晚睡，如甄就會利用這段時間補足睡眠，恢復精神，讓下午工作不脫離常軌。

小時間大利用妙招二：閱讀當天報紙或當期雜誌。
如甄常利用這一小時寶貴時間中的20分鐘，快速瀏覽當天報紙標題，只有在對工作有幫助或自己感興趣的議題，才會往下把內文看完。其餘的時間，她會拿來閱讀工作相關的專業雜誌或是財經雜誌。

小時間大利用妙招三：念英文。
語言學習方式很簡單，有時只需要簡單字卡、一本英文雜誌或滑滑手機，就可以開始背單字，練習聽力。如甄有時候會一邊閉目養神，一邊聽英文，達到學習與放鬆效果。

小時間大利用妙招四：進入冥想或放鬆狀態。

生活步調過於緊張，常導致人心神不寧，只要如甄覺得自己最近生活太過緊繃，就會特地利用一小時時間，外出享用一杯咖啡，或走到花店給自己買一束小花、到書店買本小說，讓自己從忙碌生活中稍稍抽離出來，好好放鬆一下精神。

時間微整形

善用屬於自己的每一分鐘，把身心調整到我們滿意的狀態，不僅可以提高工作效率，也能讓我們的幸福感大大提升！

「待辦事項」令人分心

把待辦事項寫下來後，我們再也不需要神經兮兮提醒自己要記得。

前幾天受到同事很大幫忙，要記得買份小禮物給對方。

快到年底，要買一本新的記事本。
最慢這個禮拜回覆朋友決定要不要出席婚禮。
查最近高鐵票價以及怎麼買比較划算。

老闆正在台前講得口沫橫飛外加慷慨激昂，Clement的心思卻老是被一堆待辦雜事慢慢拉遠。這些事這個禮拜一定要做到，千萬不能再拖了！Clement在心裡一次又一次提醒著自己，恨不得自己的腦袋是電腦，這樣就不會老是忘東忘西，還要被懷疑有初老症狀。

突然，老闆那對火輪眼朝她這裡狠狠射過來，表情陰狠中帶著憤怒，冷冷揚嗓：「Clement，看妳一臉若有所思的模樣，來，跟大家說說妳對我剛剛說的那些話，有沒有什麼看法？」聞言，Clement當場傻住。根本沒在聽老闆的演講內容，她能有什麼精闢入理又討老闆歡心的個人看法？

老闆見Clement一臉心虛的傻笑，冷冷撇唇一笑，Clement渾身立刻打了一個「真的很不妙」的冷顫。

其實「待辦事項」的處理方式，可以不必這麼呆板。

老是忘東忘西也不是令人頭皮發麻的初老症狀，別忘了，我們從小時候開始就天天寫家庭聯絡簿，叮囑我們回家後該完成哪些作業，如果忘東忘西就是初老症狀，那我們豈不是從國小就開始老著等了？

回味一下國小那本天天要拿去給家長簽名的家庭聯絡簿吧！如果隔幾個小時後就要寫的作業，都不能記起來，我們又怎麼能奢望自己能記下一整個星期要做的事情？

更何況有些當下無法立即做決定的事，還要等個半個月才能給對方回覆，或是得到對方的回覆，如果連這類事情也要時時牢記在心，那就真的太辛苦了。畢竟腦袋最重要的功能是拿來思考，不是記東西。

大概是老闆那抹令人發顫的冷笑太過震撼，為了徹底杜絕因此被老闆一腳踢出公司的所有可能性，Clement自創了「本星期待辦事項表」，以及「某月待辦事項表」。

每當有新的待辦事項進來，Clement就會把馬上抽出記事本，抽出夾在裡頭的「本星期待辦事項表」，把要辦的事情迅速寫進去，如此一來，她就不怕自己有所疏漏。

填寫「本星期待辦事項表」，有幾個小技巧，提供給大家使用本表格時做參考喔。

第一點，先隨手把「要做的事」順手寫上來，其餘部分等有空時再寫就可以。

因為有些事情來得很突然，如果詳細書寫，可能對當下而言會很不方便。還有一點要注意，如果這件事有日期限制，請直接跳到那一週，直接把待辦事項寫進去，這樣就萬無一失了。

例如：最慢這個禮拜回覆朋友決定要不要出席婚禮。這一項其實是兩週後才需要回覆的事，現在先把它寫進當週事項，等這週過完，要丟掉當週這張表格時，我們會一一檢查是否有事情尚未完成，把未完成的事情直接填入需要處理的那一週。

如此一來，我們在真正需要回覆之前的這幾週，根本不需要為這件事煩心，直到當週到來，我們從當週的待辦事項表上看到這件事，再給予處理即可，根本不需要掛在心頭好幾個禮拜，還戰戰兢兢唯恐自己漏掉或是忘記。

第二點，評估「需要多少時間」才能完成。寫完這點後，我們可以再依照「輕、重、緩、急」分類事情，決定哪些事情應該最先被完成。

第三點，思考「可否用零碎時間完成」。

如果可以，就把那個時段寫出來，並在那段時間完成這件事。

第四點，如果無法利用零碎時間完成，就要思考「可以運用的時間」大約會是哪個時段比較妥當？

例如：前幾天受到同事很大的幫忙，要記得買份小禮物給對方。這個小禮物的購買時間，可以特地撥空去商場買，也可以是後天和朋友相約看電影時，提前半小時抵達，先到百貨公司裡購買小禮物，再和朋友一起看電影。

一樣都是花心思買小禮物，特地撥空去買所花費的時間，肯定比和朋友看電影前的半小時還要多。請記得，如何把所有事情兜在一起，來個一次性的解決，絕對可以為我們省下更多時間喔。

第五點，有時候我們必須在當週完成所有的事，如何幫事情「排列順序」就會顯得非常重要。

例如：查高鐵票價如何計算以及怎麼買比較划算，盡量提早購買。有時效性的事情必須最先辦妥，有些飛機票或車票越早購買，能想有越多的優惠，像這類事情就應該越早做越好。

第六點，已經完成的事項，請直接在那件事情上大大打個勾，或是挑個字幾喜歡的方式標明出來。

請記得，這個表現方法要越明顯越好，一來代表我們完成了許多待辦事項，二來可以避免自己的眼球又溜到已完成的事項上打轉，平白多浪費掉時間。

現在，就讓我們一起來看看Clement是怎麼運用這張表格的吧。請見「本星期待辦事項表」範例表。

現在，請花兩三分鐘時間，將這週要辦理的雜事，和Clement一樣一一羅列出來，不僅可以幫助我們不漏掉任何一件事，還可以輕鬆掌握哪些事做了，哪些事還沒完成。

最棒的是，把這些待辦事項寫下來後，我們再也不需要神經兮兮提醒自己要記得，反正只要翻開「本星期待辦事項表」，就可以清楚知道該做的事，我們到底完成了沒。

本星期待辦事項表（表五）【範例】

刂序	要做的事	需要多少時間	可否用零碎時間完成	可以運用的時間
	前幾天受到同事很大的幫忙，要記得買份小禮物給對方。	約莫半小時	可	與朋友相約看電影時，提早半小時到旁邊的百貨公司購買。
	快到年底，要買一本新的記事本。	約莫半小時	可	與朋友相約看電影時，提早半小時到旁邊的百貨公司購買。PS：這半小時要抓緊時間，買到所需的兩件物品。
	最慢這個禮拜回覆朋友決定要不要出席婚禮。	10分鐘	可	通勤時間。
	查高鐵票價如何計算以及怎麼買比較划算，盡量提早購買。	約莫半小時	可	通勤時間。

本星期待辦事項表（表五）可自行填寫

排列順序	要做的事	需要多少時間	可否用零碎時間完成	可以運用的時間

更加彈性地運用表格

「每月待辦事項表」是將一個月所要做的事情，通通羅列在
一張「月表格」上，只要完成就打勾，免去每星期要把尚未
完成事項騰到下個星期的功夫。

相較於「要讓這個月很順，就要讓每個禮拜都很順」的
Clement，朋友Polly則偏好「每月待辦事項表」。

「每月待辦事項表」是將一個月所要做的事情，通通羅
列在一張「月表格」上，只要完成就打勾，免去每星期要把
尚未完成事項騰到下個星期的工夫。

對Polly來說，填寫一張「每月待辦事項表」，就是省
下三張「本星期待辦事項表」的時間。

除了待辦事項以外，Polly也會在「月待辦事項表」上，寫下當月對自己的期許，例如：看完一本小說、念完英文第六課……等等。

　　雖然把比較瑣碎的待辦事項和每月期許自己的工作項目放在一起，有人會覺得有些凌亂，Polly卻不這樣覺得。

　　Polly喜歡一張表掌握所有事情，尤其每天上班等交通工具時，Polly都會利用五分鐘時間，拿出「月待辦事項表」，快速瀏覽一遍，如果發現某件事可以跟今天要做的某件事一起辦理，就會把事情劃入今日待辦事項。

　　Polly的看法是，**每天花五分鐘時間，即時且靈活規劃當日行程**，往往可以收到事半功倍之效。用五分鐘時間，能夠更有效運用一天當中的一千四百三十五分鐘，這五分鐘時間花得相當值得！

　　以下，是Polly的「6月待辦事項表」。

　　在這張表格中，Polly的「排列順序」通常是針對當天來排的。例如： Polly決定今天要完成以下這五件事情，那麼就會為這幾件事編上編號，而沒有編號的「確認下個月月初聚會」與「購買幾隻新筆」，則被Polly列為6月一定會完成，但完成日期不是今天的項目。

6月待辦事項表（表六）【範例】

列序	要做的事	需要多少時間	可否用零碎時間完成	可以運用的時間
	看完一本小說	五個小時	否	每天睡前一小時
	念完英文第六課	十五個小時	否	吃完晚餐後一小時
	繳交電話費與電費	十分鐘	可	中午買午餐時順便繳費
	報名行銷課程	半小時	可	通勤時間的公車上
	確認下個月月初聚會			
	購買幾支新筆			
	約看牙醫洗牙	十分鐘	可	通勤時間的公車上

6月待辦事項表（表六）可自行填寫

排列順序	要做的事	需要多少時間	可否用零碎時間完成	可以運用的時間

為什麼做出這樣的決定？可能原因有以下幾點：

第一，今天時間有限，完成這些事情已屬勉強，再多放幾件事情進來可能會讓Polly壓力變大。

第二，有些事情並沒有迫切性，這類事情往後順延有時候並非不好的事。

第三，處理這件事的最佳時間點尚未到來，例如：「確認下個月月初聚會」，如果太早尋求確認，最後的結果可能是日後又要再確認一次。

6月月底的時候，Polly發現自己需要再添購釘書針、便條紙、L夾，於是便跑了一趟自己喜歡的文具店，順便把先前想買的筆一次買齊。

如果Polly在月初或月中時就去過一次文具店，那麼勢必會需要再跑第二趟。有時候把沒那麼急的事情稍稍延後，可以為自己省下少去一趟的功夫。

時間微整形

> 急事急辦，緩事緩辦。按照這個規則運用時間，往往會有出乎人意料之外的小驚喜喔。

「年度計劃」決定「年收入」

把待辦事項寫下來後，我們再也不需要神經兮兮提醒自己要記得。

　　喜歡彈性運用時間的Polly，不僅把自己這項特長運用在每個月的時間安排上，更擅長在年度時間裡彈性規劃時間。

　　身為普通上班族的Polly，每年年收入不單單只是月薪乘以14這麼簡單（另外兩個月為年終獎金），還有其他管道的收入來壯大Polly的年收入金額。

　　Polly喜歡畫娃娃，也會自行花錢開模做公仔，不管是可愛版或精緻版Polly都能得心應手。

　　漸漸的，有幾款娃娃獲得熱烈迴響，Polly便定期畫出娃娃們之間的故事，放到網路上跟大家分享，最後Polly不只長期和某些雜誌合作，還開始製作娃娃的周邊商品，與不同企業進行異業結合。

　　這些看似很幸運的經歷，其實都是Polly「今年預定完成事項（表七）」奏效的緣故。

　　Polly常說：「一年的時間可以很長，也可以很短，與其等老闆給自己加薪，不如找個自己熱愛的事情，一邊從事這件事，一邊從裡頭變出錢來。」

　　現在Polly年薪破百萬，其中有一大部分的收入來自興趣與以下這張「今年預定完成事項」表格。

　　有些朋友會問Polly：「平常工作已經夠忙了，下班後還要抽出兩小時間做設計跟創意發想，會不會太累？」Polly的回答：「正是**平常工作已經夠忙、夠累，所以下班後才想要抽出兩小時間做些自己喜歡的事，讓自己能夠好好放鬆一下。**」

　　對Polly來說，要做就要認真做，既然自己喜歡公仔跟畫畫，反正不管有沒有收入，自己是一定要持續不斷畫畫的，那何不乾脆把事情稍為規劃一下，讓自己有個努力的目標，也能不斷督促自己要進步、要往前一步步邁進！

今年預定完成事項（表七）【範例】

排列順序	要做的事	需要多少時間	可否用零碎時間完成	可以運用的時間
1	篩選出較受歡迎的娃娃。	一天時間	可	把所有娃娃存入機裡，利用通勤間挑出適合往下展的娃娃。
2	每個月至少放三篇新創作到網路上分享。	三天時間	否	假日時專心創作幾篇故事。
3	開始與雜誌社接洽。	約數個小時	可	有空閒時間就上查詢，並將作品過去。
6	主動找電信業者談合作。	數天時間	可	有空閒時間就上網查詢，並將作品寄過去。
4	製作兩款新周邊產品。	一段較長的固定時間	否	前半年，每月都有點進展，每天上至少撥出兩小來做。
5	開模做公仔販售。	一段較長的固定時間	否	後半年，每月都有點進展，每天上至少撥出兩小來做，另外還要出時間跑工廠。

今年預定完成事項（表七）

列序	要做的事	需要多少時間	可否用零碎時間完成	可以運用的時間

Polly很慶幸自己因為認真看待畫畫這件事，認真思考畫畫可以待自己到哪裡？所以才花了十幾分鐘的時間，填寫「今年預定完成事項（表七）」這張表格，每當Polly發現自己怎麼好像有點裹足不前時，就會拿出這張表格看看，反省是不是還有哪裡做的不夠？

每當Polly看著「今年預定完成事項」，滿腦子想的不是困難，而是「我要怎麼做才能完成這項目標」！

下面有一張空白的「今年預定完成事項」表格，如果願意，請閉上雙眼，認真想想有沒有什麼是自己很喜歡做的事，就算沒有酬勞跟掌聲，只要從事這件事心情就會很開心、很平靜？

如果有，請把這件事慢慢擴大，就像Polly在「今年預定完成事項」表格上做的事情一樣，不斷督促自己一步步向前走吧！

 時間微整形

有時候，很多事情只是看起來很難，但其實真正最難的部分，只是剛開始是否能夠下定決心而已。

Appendix

附錄

必懂！39條「時間微整形」秘笈冊

空白表格小幫手

必懂！39條「時間微整形」秘笈冊

1	事情永遠沒有做完的一天，重點是我們「想要先完成哪一些」？
2	時間的運用不只要注重「效率」，還要更注意「效能」，才能用最短的時間擁有最棒的工作結果，在忙碌的工作中擠出屬於自己的時間。
3	把拿來滑手機的零碎時間處理雜事，將會擁有更多屬於自己的時間。
4	不要把太多雜事堆積在腦袋裡，而要將腦袋空出來做重要的思考工作，至於生活中這些瑣碎的小事，就讓表格與待辦清單幫我們輕鬆搞定吧！
5	放鬆≠浪費時間。真正的放鬆，不是什麼事都不做，而是必須從事我們「真正感興趣」或「喜歡做的事」。
6	有些時間，不是老天爺給的，是我們得為自己積極爭取才能得到。
7	事情沒有難或不難的差別，只有做或不做的「決心」。
8	一天有多少時間可以運用，是老天爺決定的。 能有多少時間被真正運用，由我們自己決定。
9	有些事看起來似乎很難、很花時間、很不可能達到。 但只要我們將它切割成許多「工作細項」，再把能從事這些事情的時間好好規劃出來，接下來，只要把工作細項放到這些能運用的時間裡，說不定就可以輕鬆完成連自己都意想不到的作品喔！
10	效率加倍奉還之一：把所有要連絡的事項，先一一列點寫出，如需要同時對許多人交代許多事，平常可以先寫在便條紙上，以免寫信時漏掉任何一項；等所有事情統整到一定程度後，再一次發信給對方。

將相同類別的事情綁在一起做，常會有種「越做越順手」的感覺，那是因為從事相似事情時，大腦會自己找出更快完成事情的「捷徑」，或運用相同邏輯處理類似事情，自然達到事半功倍的超棒效果！

凡事不要想到什麼就去做，而是集中並不需要緊急處理的類似事情，再一口氣漂亮完成。有時候暫時放下某件工作，不是要拖延，而是打算一股作氣讓工作進度大大超前！

不管我們需要在多短的時間之內，完成令人驚愕的繁雜生活瑣事，只要做好規劃、善用合併做事的方法，連「戰鬥清晨」都能轉化為「優雅早晨」！

如果平常日中的工作太過吃重，建議可以適時將某些雜事，集中一次高效率處理完，不僅可以幫自己舒緩平日壓力，也能在節省更多時間之餘，常保健康好心情。

每個人、每天都要做許多生活中的例行公事，如果我們可以把做這些事的時間縮短，同時創造更好的生活品質，等於創造時間上的「三贏」局面。第一贏，省到時間。第二贏，生活品質變得更好。例如：護膚效果變得更棒，也更容易使乳液均勻塗抹全身。第三贏，把省下的時間，再拿去好好運用。例如：更放鬆的享受生活、每天一小時經營粉絲團、從事自己喜愛做的事情。

如果我們無法「有效掌控時間」，就會回過頭來「被時間掌控」；後者會帶給我們老被時間追著跑、生活毫無自己的時間、每天日復一日重複機械式的生活，前者卻可以讓我們得到成就感、掌控感，以及滿滿的生活幸福感！

飛行員手中最重要的飛行地圖，可以告訴他們怎麼飛行才最有利，那張飛行地圖其實就是我們手中的「工作分類表」。

每天花十分鐘做好「工作分類」，可以幫我們更加精準掌控時間！

當我們一頭埋進成堆的工作當中，就像陷入無可自拔的沼澤裡，「滅頂式」的工作，常常會讓我們忙到後來有種空虛跟瞎忙一氣的感覺。其實我們只需要在開始工作前，先靜下心來，縱觀所有需要完成的工作，再依照「輕、重、緩、急」四大類，分好類，接著只需要按部就班一一完成，往往能如期完成！

整形工作，就是一種時間微整形，在節省時間之餘，還能更加輕鬆做好每一項重要的工作。

21	每一位擅用時間高手，都會有自己一套「什麼先做，對自己最 利」的準則，只要依照「輕、重、緩、急」分類，再搭配自己 工作的特殊屬性，來安排工作順序，只需要花短短半小時時間 能為自己的工作效率、工作完成度，帶來超乎想像的助益！
22	菲利普·斯坦霍普曾說：「了解時間的真正價值，搶走它、 它、享受每一分鐘。不要閒散、不要懶惰、不要拖延，絕不把 能做的事留到明天。」時間真正價值，究竟是什麼？如果時間 的價值只是那句time is money，會不會覺得人生還真無聊又無奈
23	工作與生活息息相關，兩者甚至常出現糾結的拉鋸戰，彷彿擁 工作，就會失去生活，或者擁抱了生活，就會失去工作。其實 作與生活之間，並不是「你死或我亡」的關係，而是彼此加分 佳人生戰友。
24	為了有效杜絕在不知不覺中，被五大竊盜偷走時間，最重要的 件事，也是最關鍵的一件事：意識到它們的存在。
25	時間，就該浪費在美好的事物上。但時間，真的不該耗損在無 焦慮上，有時候只需要使用一個小方法，就能將自己從黑暗的 中拯救出來。只有當我們有效率完成工作，才能有更多浪費在 事物上的時間，為我們的生活品質大大加分！
26	如何避免為相同事件，多付出另一次的時間？最好的辦法之一 在我們真正想徹底解決這件事情時，再來處理它。
27	有時候「決定要不要做一件事」和「正在進行某件事」，所付 時間與精力是一樣多的。與其長時間困在兩個選項之間疲於奔 不如趁早立下「做就對了」的決定，讓自己離開猶豫不決的 點，開始在選中的道路上奔跑起來。一個始終沒有向前衝的人 遠都不會抵達自己想要的終點。
28	修正一項習慣不容易，但若從一天一件小事開始做起，就會發 情變得簡單許多。當我們一步一步慢慢完成拖延許久的瑣事後 性將會從生活中慢慢消失，等到惰性完全消失的那天，我們的 一定會變得更積極、更美好！
29	一次只做一件工作，不僅能如期把事情做完，還能更進一步把 通通做好！
30	「突然想到就去做」，這句話聽起來很積極，但往往帶來的結 卻是在「無感的狀態」下浪費掉一大塊「可以好好運用的時間

不要小看微不足道的小習慣，所有小習慣累積起來，將會引領我們走向更順遂、更美好的燦爛人生！

只要稍稍鬆懈，時間流動的速度將會讓人有種措手不及的震撼感！

找出最適合自己的「生活作息時間表」，不僅可以確保生活品質、掌握生命各各重要的層面、享受安排時間的自由之外，也可以充分依照自己的工作效率，做出最適當的調整。

善用各種小技巧，幫自己創造出更多時間感，可以在步調飛快的生活中，多為自己保留一份從容與優雅感。

當我們眼中看不見時間時，時間就會從指縫中偷偷溜走；當我們確實掌握住時間時，時間就會成為「實現目標」的最佳幫手！

善用屬於自己的每一分鐘，把身心調整到我們滿意的狀態，不僅可以提高工作效率，也能讓我們的幸福感大大提升！

別讓瑣碎的待辦事項，拖垮我們的做事效率。一個公司老闆需要秘書來提醒自己一堆會議與面談，其實生活中也需要有人時時來提醒我們要記得完成哪些事情，這時候表格與記事本將會對我們很有幫住喔。

急事急辦，緩事緩辦。按照這個規則運用時間，往往會有出乎人意料之外的小驚喜喔。

有時候，很多事情只是看起來很難，但其實真正最難的部分，只是剛開始「是否能夠下定決心」而已。

「瑣碎時間列表」與「待辦清單」媒合表（表一）

第一類：固定零碎時間	固定待辦事項（左右互相對照）

第二類：臨時零碎時間	機動待辦事項（完成請打勾）
	☐
	☐
	☐
	☐
	☐
	☐
	☐
	☐

星期六日的生活時間表（表二）

間	工作內容	是否有可利用的零碎時間	應該如何利用	效果平分（完成度）	改進與檢討

 平日固定事項（表三）

排列順序	要做的事	需要多少時間	可否用零碎時間完成	可以運用的時間

排列順序	要做的事	需要多少時間	可否用零碎時間完成	可以運用的時間

每星期固定事項 (表五)

排列 順序	要做的事	需要多少時間	可否用零碎時 間完成	可以逆 的時

每月固定事項 (表六)

排列順序	要做的事	需要多少時間	可否用零碎時間完成	可以運用的時間

 今年預定完成事項（表七）

排列順序	要做的事	需要多少時間	可否用零碎時間完成	可以這的時

工作項目計劃表（表八）

項 目	工作項目	工作內容	預估花多少 時間處理	結果所 花時間	是否達 到目標	檢討

全國唯一保證出書的作者班

夢想成真！

采舍國際集團董事長
王擎天博士

● 華人世界非文學類暢
銷書最多的本土作家作
品逾百冊。

● 建中畢業考上台大時
就開出版社，台灣最年
輕從事出版的企業家。

● 華人少數橫跨兩岸三
地最具出版實務經驗的
出版奇才。

你是否**曾經想過出一本書**？
你知道**書是你最好的名片**嗎？
你知道**出書是最好的行銷**嗎？

　　由采舍國際集團董事長王擎天領軍，
帶領一群擁有出版專業的講師群，要
讓你寫好書、出好書、賣好書!

講師陣容
*采舍國際集團董事長

*啟思出版社社長和主編

*華文自資平台負責人和主編

*鴻漸和鶴立等專業出版社資深編輯

*新絲路網路書店電子書發展中心主任

*采舍國際集團行銷長

I Have a Dream...

或許你離成功,就只差出一本書的距離!

課程名稱:寫書與出版實務班

課程地點:台北(報名完成後,將由專人或專函通知)

課程大綱:

*如何規劃、寫出自己的第一本書

*如何設定具市場性的寫作題材

*如何提案,讓出版社願意和你簽約

*如何選擇適合的出版社

*如何出版電子書

*如何鎖定你的讀者粉絲群

*如何成為真正的作家

本課程三大特色
1. 保證出書
2. 堅強授課陣容
3. 堅強輔導團隊

報名請上網址: **www.silkbook.com**   我要報名

財經雲 21

有錢人的黃金8小時

出　版　者／雲國際出版社
作　　　者／典馥眉
繪　　　者／金城妹子
總　編　輯／張朝雄
封面設計／艾葳
排版美編／YangChwen
出版年度／2015年01月

郵撥帳號／50017206 采舍國際有限公司
（郵撥購買，請另付一成郵資）
台灣出版中心
地址／新北市中和區中山路2段366巷10號10樓
北京出版中心
地址／北京市大興區棗園北首邑上城40號樓2單
　　　元709室
電話／（02）2248-7896
傳真／（02）2248-7758

全球華文市場總代理／采舍國際
地址／新北市中和區中山路2段366巷10號3
電話／（02）8245-8786
傳真／（02）8245-8718

全系列書系特約展示／新絲路網路書店
地址／新北市中和區中山路2段366巷10號1
電話／（02）8245-9896
網址／www.silkbook.com

有錢人的黃金8小時／典馥眉著. -- 初版.
-- 新北市：雲國際, 2015.01
面；　公分

ISBN 978-986-271-553-6（平裝）

1.時間管理 2.生活指導

177.2　　　　　　　103019317